蓝田琢玉思与谈

李永亮　著

中国出版集团　现代出版社

图书在版编目（CIP）数据

蓝田琢玉思与谈 / 李永亮著 . -- 北京：现代出版社, 2019.1

ISBN 978-7-5143-7508-4

Ⅰ.①蓝…　Ⅱ.①李…　Ⅲ.①农村学校—高中—教育工作—中国—文集　Ⅳ.① G639.21-53

中国版本图书馆 CIP 数据核字（2018）第 250919 号

蓝田琢玉思与谈

作　者	李永亮
责任编辑	杨学庆
出版发行	现代出版社
通讯地址	北京市安定门外安华里 504 号
邮政编码	100011
电　话	010-64267325　64245264（传真）
网　址	www.1980xd.com
电子邮箱	xiandai@vip.sina.com
印　刷	三河市双峰印刷装订有限公司
开　本	710mm×1000mm　1/16
印　张	14
版　次	2019 年 1 月第 1 版　2019 年 1 月第 1 次印刷
书　号	ISBN 978-7-5143-7508-4
定　价	49.80 元

序

这个校长不简单

阵 风

李永亮，这个名字与有着 869 年历史的蓝田中学一样响亮！

李永亮，这个已担任 13 年校长的男人不简单！

1993 年夏天，19 岁的他，还只是韩山师专（现韩山师院）化学系大一学生；2005 年夏天，31 岁的他，已是揭东蓝田中学校长，也是当时全市最年轻的中学校长；2015 年，刚过不惑之年，他已成长为广东省特级教师……截取李永亮 20 多年的人生片断，可以看出，这是一条事业蒸蒸日上、让人羡慕的顺畅之路、成功之路。

然而，这一切来之不易！

李永亮在大学读的是化学专业，毕业回乡教书，当过政教主任、副校长、校长，他是一步一步不断提升自己，而非一蹴而就。

但不管走到哪里，在什么地方教书，李永亮始终保持他的强烈个性：一个有血性、有担当的男人，真正把教书育人作为灵魂工程在追求的人。

考量一个校长的水平或综合成绩，主要看两个方面：一是自身素质是否提升，二是学校治理如何。当然这两个方面是相辅相成的。一个不注重提升素质的校长，又如何能治理好一所学校呢？

蓝田中学从 2003 年开始，尤其是 2005 年李永亮当上校长之后，连续十多年，在同类学校的各项指标测试中都名列前茅，高考成绩也连续十多年保持全县（区）上中学第一名的地位不动摇。

这个成绩单从另一个层面也体现了李永亮这个校长的确不简单！

不简单的背后，是李永亮对乡村教育发展的满腔情怀和倾情投入。李永亮在2015年接受《揭阳日报》记者采访时说过，一名校长应具有五方面特色：一是有着前瞻性；二是贵在坚持；三是精通业务；四是要学习前沿理论；五是全力办好学校。李永亮的这套"理论"，并不是停留在理论上，而是对他从教尤其是担任校长以后的心得体会和实践总结，我们完全可以从《蓝田琢玉思与谈》一书的框架看出这一点。该书分"前瞻探寻""实践探究""思想探索"三辑。

作为一名校长，李永亮的办学理念的确与其他人不太一样！

李永亮最大的特点是在思索、探寻中前进，而不是亦步亦趋、随大流得过且过。他善于思考，视野开阔，更注重学习别人的先进经验，而且懂得从当前的教育现状切入，对未来教育发展的方向做出前瞻性的研判。为此，他曾多次赴美国、加拿大等国家及我国台湾、上海、浙江等地进行教育考察，同时与母校韩山师院建立教育实践基地，在学校里办杂志《蓝璞》，率先试行"微课堂"教学等，一切都走在人先，一切都敢于尝试。因而他的起点高、理念新、思路明、个性显。人们一提起蓝田中学，总会说："这所学校有特色！"

一所有特色的学校是因为一个有个性的校长。李永亮在接受媒体采访时所说："教育的最终目的是要激发人的最大潜能，既要激发教师的最大潜能，又要激发学生的最大潜能。"蓝田中学近年的教学实践充分体现了这一理念。李永亮认定一条死理：从蓝田中学走出去的学生，就是考不上大学，起码也能适应社会、适应生活，为自身在未来的人生道路上找到一条生存、发展的路子。

这其实才是教育的终极目的。

如果从名牌大学毕业，连个普通岗位都找不到，甚至还要别人照顾才能找到三餐，这是很失败的。当前我们的教育现状确实也存在这些问题，这也正是李永亮他所深深思索的教育课题。

当代社会，再也不能像美国作家房龙所描绘的那样："在宁静的无知山谷里，人们过着幸福的生活。"（《宽容》），教育的初衷和终极目的，就是要扫除无知，做一名有教养的现代人。黑格尔早就告诫我们："无知者是最不自由的，因为他要面对的是一个完全黑暗的世界。"

所以，李永亮在《蓝田琢玉思与谈》中贯穿着这样的思想：教书育人，就是要引导学生明了"我从哪里来，要到哪里去，要成为什么人"。

李永亮是一个既能在高深学府里与资深教授进行理论争论，又能在普通的乡村中学与普通教师进行教学辩论的校长，这种特性使他的办学思想、理念能够自然地渗透到蓝田中学的教学环节中。不然，他的"名校长"就只有"名"而无"实"了。

可喜的是，从2005年接棒蓝田中学校长伊始，13年来，李永亮一路提升自己的各方面素养，一路领跑同行。现在的他，身上有不少闪亮的荣誉：广东省新一轮"百千万人才培养工程"名校长培养对象、广东省特级教师、广东省名校长工作室主持人、广东省中小学校长培训中心兼职教授、广东省教育督导学会高中教育督导评估专家、揭阳市优秀专家和拔尖人才、揭阳市人民政府教育督导室督学，先后被授予全国群众体育先进个人、广东省师德先进个人、揭阳市优秀教育工作者，等等。

工作之余，他积极潜心研究，主持国家级课题，并撰写了大量的教育论文刊发在国家级刊物上并获多个奖项。

因为李永亮深懂这个道理：领跑者是很紧张和充满危机感的，不给自己加油，随时都会被后人追上赶超。因而，他的学习和研究、探索、思考永远在路上。

李永亮来到蓝田中学是幸运的。蓝田中学至今已有869年的历史，朱熹曾在此传道、授业、解惑，并留下"落汉鸣泉"的题字。蓝田先后走出了丁日昌、蔡翘、邢平、黄绍金、陈元华等校友，朱熹、郑国翰、方辉、凌渔、余志贞、谢海燕等著名学者、艺术家曾在此留下足迹、墨宝，也深深地积淀成为崇文重教的文化意识。

在这样的校园环境中，李永亮每天都能呼吸到浓浓的文化氧气，这也许是最能激发他的灵感的深层原因。

校长是学校的灵魂。

"我将用热情去点燃教师的生命梦想，用宽容去照亮学生的幼小心灵，用执着去追寻自己的教育梦想，让自己的生命变得诗意而丰满。"这是从李永亮灵魂深处透漏出来的光亮，我们从中感受到：有这样一个好校长，蓝田

中学将会谱写新时代新篇章！

我与李永亮从 1993 年夏天相识，至今已有 25 年，我一路关注着李永亮的成长，如今他取得如此骄人的业绩让我感到无比欣慰。我相信：《蓝田琢玉思与谈》一书的出版，定会在教育的池塘里荡起一圈圈涟漪……在最近的一次相遇中，他说："老师，我要出本书，您就为我作序吧。"我几乎毫不犹豫地答应："好！"但转念一想：我对教育是不太熟悉哟，再又转念：也许这序我来写更合适！

于是，就写下以上文字。

2018 年 5 月 19 日上午

人物链接：

陈风，原名郑培亮，作家、诗人，曾任《韩山师专》报主编，现任揭阳日报社副总编辑。出版过小说集《给你一支枪》、个人诗集《郑培亮短诗选》、诗合集《导火线》《剥洋葱》等，主编大型诗集《泛粤东短诗经典》（与雪克合作）等。

目 录

第三辑　思想探索

第一辑

前瞻探寻

激发学校发展潜能的策略

激发潜能的方式和现实形式直接影响学校发展的基本态势，也直接影响受教育者的层次和品质。

一、学校行政领导班子起到表率作用

学校的职责就是教书育人。这就决定了学校领导班子必须有清晰的方向感和政治定力，确保基本导向不出偏差。行政班子在具体业务上的作用在于引领和示范，因此在激发班子潜能的过程中必须强化班子成员前瞻意识、担当意识、责任意识，做到有位有为、有为而不乱为，不断提升执行力、公信力。学校要重视班子的政治理论、教育法规和现代学校管理理论的学习，提高班子成员的政治素养和管理决策水平。明确各处室和班子成员工作职责，强调线条工作与年级工作有机结合，教学工作与德育工作有机渗透，一线教育教学与后勤服务相互协调，提高工作效率，讲求实效。班子成员率先垂范，带头学习，带头奋战在教育教学第一线，带动师德师风建设，营造敬业奉献的精神氛围。在学校管理中，班子成员学会认真聆听、冷静思考、综合处理，从而形成良好的行政素养，激发自己的决断力，更好地服务教书育人工作。

二、提高教师综合素质

激发教师的潜能，首先要让教师有正确的职业定位。教师的职业认同是教师专业发展的重要条件。教师应该从其自身的主体性和能动性出发，通过自身努力提高职业声望。教师之间要合作互助，激发团队战斗力。同事之间、

上下级之间的互助，能够有效激发团队意识，使教师树立信心，心情愉悦地工作和生活，并且乐意接受学校的组织目标，具有高水平的任务执行力和工作效率。教师有计划、有目的地完善自己，成为学科带头人，产生教学领导力。培养教师科研力，强化学识再造力，在日益多元的社会和文化背景下，增强社会文化适应力。教师需要转变观念和方法，换位思考，以包容的心态去思考、分析问题，和学生以及学生家长取得共鸣。同时，教师要科学地直面压力，积极主动地掌握一定的抗压、排压、化压的方法，能及时从压力事件的刺激源中脱离出来，保持自己的心理健康和积极心态。丰富自己的生活，是及时消除心理负能量的有效办法之一。自身构建支持系统，使自己能和谐地与周围的人际环境相处，并从中体验到愉悦和舒畅。

☀ 三、建立学校和家长顺畅沟通的桥梁

学校、教师与学生家长之间建立良好的关系，激发家长定力，相互配合，取长补短，形成合力，为学生提供良好的成才环境，促进学生的健康成长。开展感恩教育，激发亲子动力，调动家长参与家校联合教育的积极性，协助改善亲子关系，形成良好的社会效应。学生家长如果参与学校管理和决策，家校教育将更有效地相互渗透。创建具有较高自治权的家委会，让他们规范参与学校管理、决策和监督，共商教育大计，共铸校园文化，将更进一步激发家长在家校联合教育中的潜能。教师要采用多种方式开展家访工作，除了传统的上门家访外，现在通信手段发达，其他方式的家校联系可以弥补这一不足。要重视家长会。除了家访，家长会是教师与学生家长面对面沟通的好机会，而且相对于家访效率更高，且有集体氛围，更容易形成示范带动效应，效果更佳。网络化新平台的利用，使家校联系得到进一步加强。我们还可以通过开设"家长意见、建议箱"、发送喜报印制、"给学生家长的一封信"等方式加强家校联系。另外，班主任是沟通学校教育、家庭教育和社会教育的主要桥梁，在教育教学中起着举足轻重的作用。

☀ 四、学生是学习的主体

教育的目标要定位准确，激发学生的求知欲。让孩子在学习的过程中，

把学到的东西运用到实践之中，在实践中检验，而不是学习、学习、再学习，只有动脑和动手结合起来，才是快乐的事情。加强合作分享教育，激发学生的表现欲。在合作中探求自己独立的思想，在合作中虚心倾听、分析别人的想法，学会和别人进行交流、合作以及分享。正确鼓励，适时激励，激发学生的成功欲。让孩子充满正能量，他们的成功欲望高涨，迈向成功的起点也更高。在教育教学过程中，我们要从关注学生人格健全、关注学生良好的心理品质和行为习惯、关注学生学习兴趣和欲望出发，减压加压，激发学生的兴趣欲。为他们创造成才的环境，培养他们的兴趣，静静地陪伴和等待他们成长、开花、结果。学校要多创造环境，因地制宜，加强体育锻炼的宣传和场地的建设，激发学生的生命欲。做到体育锻炼无处不在，营造学校体育为人人、人人热爱体育的校园运动氛围。体育课堂要准确传授体育锻炼的科学练习方法和安全教育等，让师生在教与学中共同践行体育的乐趣。

2017 年 8 月，本文发表在《师道》

（2017 年第 9 期，CN 刊号：44-1299/G4；ISSN 刊号：1672-2655）

农村中学青年教师
专业化发展的生态化研究

摘　要：目前，我国拥有世界队伍最庞大的农村中学教师队伍，农村中学教师在社会主义新农村建设中发挥着不可替代的重要作用。研究农村中学青年教师专业化成长，寻找一条具有农村普通高中特色的青年教师专业成长道路是时代的要求，也是农村普通高中发展的自身需要；是农村中学教育和持续发展的需要，也是农村中学教师自身综合素质发展的需要。青年教师是学校教育改革的主力军和生力军，这支队伍的专业化成长将带动全校教师队伍的专业化成长，并使学校的教师队伍发生根本性的变化，也将推动学校教育事业全面上新台阶。

关键词：农村中学青年教师　专业化　生态化

中图分类号：G451 文献标识码：A 文章编号：1673-9795（2012）11（c）-0049-03

《农村中学青年教师专业化发展的生态化研究》是首批广东省中小学校长工作室培养对象立项课题。经过实验探索，取得了阶段性果。现将课题研究概况总结如下。

☀1. 课题提出的背景、意义与所要解决的主要问题

1.1 实验缘起

《国家中长期教育改革和发展规划纲要（2010—2020年）》提出："严

格教师资源，提升教师素质，努力造就一支师德高尚、业务精湛、结构合理、充满活力的高素质专业化教师队伍。创造有利条件，鼓励教师和校长在实践中大胆探索，创新教育思想、教育模式和教育方法，形成教学特色和办学风格，造就一批教育家，倡导教育家办学。"目前，我国拥有世界队伍最庞大的农村中学教师队伍，农村中学教师在建设社会主义新农村中发挥着不可替代的重要作用。然而当前农村中学教师的现状不容乐观，特别是中青年教师生存能力和可持续能力都十分脆弱，主要表现为资源贫乏。第一，教育理念资源十分落后，也是最严重的资源贫乏。它是导致教育资源配置不合理、利用效率低下、浪费和缺乏开拓创新等不负责任状况的主要原因；第二，教育的投入有待提高，许多农村中学场地窄小，校舍、教学仪器设备不足、破旧，办学经费紧张，教师工资福利待遇低下（较珠三角等发达地区而言）；第三，相对于发达地区学校，农村学校的知识资源、信息资源、时间资源、自然环境资源、人文环境资源、品牌资源、服务资源、机遇资源等都相对短缺，而农村学生家长日益提高的望子成才等社会期望值，与农村教师条件艰苦、工作压力大、自我发展空间狭小矛盾突出；第四，优秀教师资源和学生资源流失，而优质教师资源的补充远未达到学校发展的需要；等等。这些问题已经成为农村中学发展的瓶颈，与当前办人民满意教育不相匹配。因此，为了保障学校的可持续发展，我们开展了《农村中学青年教师专业化发展的生态化研究》项目，希望以此为重点，为农村中学建设做点贡献。

1.2 研究意义和研究价值

研究农村中学青年教师专业化成长，寻找一条具有农村普通高中特色的青年教师专业成长道路是时代的要求，也是农村普通高中发展的自身需要；是农村中学教育和持续发展的需要，也是农村中学教师自身综合素质发展的需要。

青年教师专业化是形势发展的需要，是学校自身发展的需要，是提高教师综合素质的需要，有利于教师减少职业倦怠，提升教师工作的幸福感，是学校可持续发展的需要。从学校的长远发展分析，青年教师是学校教育改革

的主力军和生力军。这支队伍的专业化成长将带动全校教师队伍的专业化成长，并使学校的教师队伍发生根本性的变化，也将推动学校教育事业全面上新台阶！

2. 课题的核心概念及其界定

专业化有两层含义：一是指一个普通职业群体逐渐符合专业标准，成为专门职业并获得相应的专业地位的过程；二是指一个职业群体的专业性质和发展状态处于什么情况和水平。

教师个体专业化指教师在整个专业生涯中，通过终身专业训练，习得教育专业知识技能，实施专业自主，表现专业道德，并逐步提高自身从教素质，成为一个良好的教育专业工作者的专业成长过程。

青年教师专业化即指教师个体专业化，也就是一个从"普通人"变成"教育者"的专业发展过程。

3. 与本课题有关的国内外研究现状

（1）关于新教师，英国的泰勒和戴尔对教师试用期进行了全国性考察，内容涉及初始培训、任用和安排、在职指导和评估、课堂教学及问题、学校的情况和问题、个人问题、关于职业发展的考虑等。

（2）教育部在 1998 年颁发《面向 21 世纪教育振兴行动计划》，其中一个举措就是实施"跨世纪园丁工程"。

（3）全国教育科学规划"九五"重点课题"面向 21 世纪我国中小学教师队伍建设报告"，组织了 10 个专题的研究，其中就有《贫困民族地区教师队伍建设研究》。

（4）"十五"期间，教育围绕教师专业化探究热等。

（5）20 世纪 90 年代，湖北省十堰市提到的欠发展型学校用"学习—岗练—考评—分层"的教师培训模式等。

综上所述，国内外对农村青年教师的成长进行长期的研究，我国进行类似的研究也很多，教育主管部门对中青年教师成长为教育家寄予厚望，对本课题的研究具有重要的指导意义，如果能在农村中学中形成一定的培养模式，使更多的农村青年教师成长为教育教学能手，甚至成长为教育专家，将是国家教育的幸事、好事、喜事。

4. 研究的目标、内容与研究重点

通过调查研究，了解农村中学青年教师专业化发展的现状和基本情况；探讨农村中学中青年教师专业化成长过程中所涉及的成长环境、成长规律、成长内容、成长途径等相关理论；探索出更符合农村中学青年教师专业化发展的培训模式和成长策略，形成各具特色的发展模式；积累丰富的教育教学资源和经验；提高广大青年教师的创新意识、科研能力和教育教学水平，以"名师、骨干教师工程"为青年教师专业化发展和成长搭建平台；构建一支理念先进、开拓进取、创新发展、精通业务的农村教师队伍，全面提高农村中学的教育教学水平，办人民满意的教育。

5. 研究的思路和方法

本课题研究期限为两年，拟从 2010 年 9 月至 2012 年 8 月，分三个阶段进行。

5.1 理论准备阶段（2010.8—2010.9）

一是制订方案，组织申报；二是收集资料，校本培训；三是组织开题论证；四是开题研究，了解农村中学青年教师专业化发展的现状和基本情况，分析存在问题。

5.2 实验研究阶段（2010.10—2011.8）

根据"实验方案"提供的实验内容，在实验理论的指导下全面开展实验工作。通过全面研究、请专家诊断等，提出更具操作性和高效性的农村中学青年教师专业化培训模式和成长策略，形成各具特色的发展模式，搭建教师发展平台，开发一批服务教师发展的教育教学资源，建立一支理念先进、开拓进取、创新发展、精通业务的农村教师队伍，办人民满意的教育。

5.3 总结反思阶段（2011.9—2012.8）

撰写研究报告，收集、整理有关资料。组织结题鉴定，推广研究成果。

5.4 实施方法

以行为研究及专家诊断为主，结合文献研究法、调查研究法、个案研究法等进行实施。

6. 课题实施过程与主要措施

6.1 主要实施过程

6.1.1 深入课堂听课

为深入了解青年教师的专业发展情况，学校行政人员和教研组长，都深入青年教师课堂听课，了解青年教师的教学情况。学校规定行政人员每学期听课不少于 30 节，教研组长每学期听课不少于 15 节。

6.1.2 开展问卷调查

（1）学生问卷调查。学校在每学期期中教学质量检测之后，召开各班中上层生座谈会，了解教师课堂教学实际情况，并发放问卷调查表，从教学态度、批改作业情况，教学效果等方面，由学生无记名对教师进行测评和提出建议意见，为学校了解教师的教学情况提供第一手材料。

（2）教师问卷调查。为进一步了解青年教师的职业道德、思想意识和专业能力，课题组在全校青年教师中开展"教师专业发展现状问卷调查"。全校青年教师有 145 人，都参与了问卷调查。发放问卷 145 份，回收有效卷 140 份。通过调查，发现经常主动写教学日记和有关教育教学体会很少（只占 8.5%）；经常主动阅读一些教育教学类的书籍和杂志也不多（只占 26.8%）；主动要求担任班主任工作也很少（只占 10%）。但绝大多数青年教师也迫切希望自己能提升教学能力和教育科研能力。

6.1.3 查阅教育教学资料

学校在每个学期的期中和期末都进行教学大检查，对教师的教案、作业布置和批改，练习题、测试题、听课簿进行详细全面检查等。

6.1.4 开展交流与沟通

多层次、多渠道交流调研青年教师专业发展中存在的问题。我校实行每学期每位教师举行一个校性公开课制度，每个教研组、备课组每周各安排两节课连堂时间作为科组学习交流、教研活动的时间，各个教研组把开优质示范课，开展教研活动作为整个学期以至全年、常年教研工作的重点，把教研组听评课活动办成课堂教学实例研究和教学实践经验交流活动，加快提高青年教师的水平。学校规定每月召开一次教研组长和级长会议，通过教研组长和级长了解教师的思想动态和学习工作情况。行政人员分别挂钩各个教研组，深入教学教研每一线，全面了解青年教师的教育教学情况。

6.2 主要措施

针对青年教师专业发展中存在的问题，我校确立了以校本教研为中心的主题，采取以下方法破解阻碍教师专业化发展的难题。

6.2.1 加强青年教师的校本培训，促进教师专业发展

在研究中，我校大力加强教师的职业道德教育和教师业务培训，组织教师认真学习十二五《国家中长期教育改革和发展规划纲要》和《广东省中长期教育改革和发展规划纲要》，深入贯彻落实践行科学发展观。学校认真组织全体教师学习现代教育理论和业务知识，更新教育观念，捕捉教改新动向。2011年1月，学校给教师购买教育著作《成功教师必知的22条"军规"》，组织全体教师学习。同时充分发挥骨干教师传、帮、带作用，帮助青年教师练好教学基本功。

6.2.2 加强业务学习，夯实教师教学基本功，促进教师专业发展

提高教师的综合素质。学校规定以备课组为单位的集体备课，以达到"资源共享、共同提高"的效果。要求教师开展"五课"的活动，即汇报课、公开课、示范课、研究课和竞赛课，为不同层次的教师搭建展现自己的科研舞台，并根据县名校长和名教师的要求，确立本校的名教师、骨干教师培养对象共50多人，促使一批教师向名教师的目标发展。结合学校扩招后新教师突增的特点，学校致力于新教师的岗位培训和在岗教师的继续教育，努力把学校的优良传统发扬光大。

6.2.3 加强教学反思和总结，提高业务能力，促进教师专业发展

教学反思、教学实践是提高教师素质最有效的途径，反思是教师专业最核心的能力，教学反思、教学实践的过程是教师由经验型转向学者型必须经历的过程。为不断提高青年教师的教学业务能力，学校规定每位教师每学期都要上交教学经验总结和教学反思各一篇。

6.2.4 坚持"走出去"，开拓教师视野，促进教师专业发展

两年来，学校积极鼓励和支持教职工参加学科函授、自学考试、继续教育、新课标培训等多种形式的培训学习。组织全校教师参加市、县组织的专业技术培训和考试。派教师参加省、市、县各级教育部门组织的新课标培训，参加各种高考备考会和学术研究会，组织学校骨干教师到揭阳市一中、梅州曾宪梓中学、深圳观澜中学等地参观学习。

6.2.5 坚持"请进来"，提升教师理论水平，促进教师专业发展

学校采取"请进来，走出去"的方式，通过学术报告、学术讲座等形式，接受专家的教学新理念和新思想，了解研究信息，提升教师的理论水平，促进教师的专业发展。学校多次请市、县教研室的专家到学校教学调研，开讲座、指导听课、指导备考、提供宝贵的经验和资料。2011 年 1 月，学校邀请嘉应学院教师专业发展中心主任杜德栎教授为教师开设《爱心是根科研是本》专题讲座。学校还给教师每人配发《教师如何远离亚健康》一书，要求教师加强学习。

6.2.6 创设展示教师专业成果平台，促进教师专业发展

学校组织编印《蓝璞——教师发展》专刊，征集并发表教师的论文、优秀教案等，为教师发挥自己的才华提供平台。至 2012 年 7 月，《蓝璞——教师发展》专刊已编辑 6 期，收集教师论文、优秀教学课例等 120 多篇，已成为学校教研教学的丰富资源库。目前，随着校本教研的不断推进，教师的教学业务水平正不断夯实提高。

6.2.7 创新教研新机制，开展课题或专题研究，促进教师专业发展

学校积极引导教师开展课题或专题研究，以课题研究或专题研究推动教师专业发展。学校提倡每个教研组每学期应有一个校本课题，每位教师都应积极参与课题研究。同时要求各教研组积极申报县级以上课题，以课题研究

推进校本教研。自课题实践以来，学校共有语文组的《农村普通中学文言文教学模式研究》，数学组的《提高农村普通中学学生计算能力的研究》、生物组的《农村普通高中生物有效课堂教学策略的研究》、化学组的《有机化学教学实效性的探究》、政治组的《高中思想政治教学导入有效性研究》等5个教研祖获得县"十二五"课题研究立项。

6.2.8 构建"探索式教学模式"，破解课堂45分钟质量提高难题，全面提高教学质量，促进教师专业发展

两年来，学校紧紧围绕"探索新的教育教学模式"这一主题，认真搞好教学教研这项重中之重的中心工作，鼓励教师积极探索新的教学方法，不断提升课堂教学质量，向45分钟要效益，更大力度地推进教师的教学业务能力。2011年9月，学校教务处经过策划筹备，提出"构建优质课堂教学模式"工作计划，制订了"模式大赛"工作方案，召开教研组长会议，宣传发动全校教师积极参与，通过各教研组推荐优秀教师代表，确定课堂教学模式，举行模式示范课，并反复实践，历时3个月，学校于12月6日至8日开展了大规模的"优质课堂教学模式大赛"，聘请县教研室专家担任评委，同时也请专家现场点评，比赛过程实行全程录像，促使一批教学能手脱颖而出。全校10个教研组都创设了学科教学模式，如：语文组采用了"四步法"教学模式，数学组采用了"引导—探究—发现"式课堂教学模式，英语组实施了"小组合作学习"课堂教学模式，物理组探究了"引导发现式"教学模式的设计，化学组学习杜郎口中学"10+35"教学模式，确立了"问题引导自学"（10+35）的课堂教学模式，生物组采用"问题解决"课堂教学模式，政治组按照"案例教学模式"开展教学，历史组和地理组主要以"导学"为主要手段，体育组采用"小组自学辅导式"课堂教学模式，这些教学模式的实施，改进了各学科的教学手段。

7. 课题研究成效

7.1 青年教师的工作态度明显改变

青年教师的专业能否得到发展，关键在于工作态度。目前，全体教师形

成了一个共识：个人的专业发展与学校的事业发展是紧密结合在一起的。教师的课堂教学基本上都能得到学生的认可，学生评价教师的优秀率大幅度提升。两年来，学生评价教师优秀率都达到85%，比两年前增长了15个百分点。教师专业意识明显增强，初步具备自我反思与交流协作能力。校本教研为教师专业发展创建了良好的学术研究氛围，为教师提供必要的学习资源，老师们通过学习、培训、交流、研讨、听课、评课等一系列锻炼，初步学会了自我反思、同伴协作。教师在实践中学会了反思，在相互尊重中学会了交流，在合作中学会成长。两年来，教师上交教学反思、教学总结共700多篇，有170多人制订了《个人发展计划》。

7.2 青年教师的专业能力得到提升，工作充满激情，教师善教乐教

在实施过程中，以研究和解决教师教育教学中的实际问题，总结和提升教学经验的为重点，鼓励青年教师"一年入门打基础，两年上路显特色，三年过关上水平，五年成熟做骨干"，促使一批青年教师脱颖而出，一部分教师已经成为学校的骨干教师、学科带头人。倪志鹏老师任教仅5年时间，教学成绩突出，第五年就担任高三级的科任和班主任工作；四川籍教师余海燕，2008年应聘到我校任教，由于教学成绩突出，也于2010年9月起担任我校高三级语文科任老师，并且所教语文科成绩连续两年在全校14个班中名列第一。随着校本教研的深入开展，教师业务能力的提升，青年教师热情高涨，工作有激情，并且善教乐教。叶和忠老师是我校的化学老师，化学科并非他的专业，并且他不是师范院校毕业，是典型的非科班出身，他来我校任教时，恰好学校化学组教师短缺，于是他服从学校安排，担任了学校化学科教学工作。他以一个非科班的身份，在短短的4年时间，从高一走上高二，再从高二走上高三，每次化学科考试，他所教班级的化学科成绩在全级中都名列前茅。教师和学生对他的一致评价是"工作有激情"。

7.3 以课题研究推动青年教师刻苦钻研，以点带面，促进青年教师专业发展

开展课题研究，对于提高教师的教学能力具有十分重要的作用。教师在

研究过程中，通过互相交流、研讨、合作、总结，能够开阔视野、激活思路、增长见识，达到互相学习、共同提高的目的。开展课题研究，更有利于教师能够刻苦钻研，并在教学实践中积极地去发现问题、解决问题，在解决问题中提高自身的专业水平，促进教师的专业发展。目前，已有 5 个教研组参加县"十二五"课题立项。2011 年 6 月，钟秋桂、黄继生等老师参加县立项的 3 个物理课题获一、二等奖。随着课题研究的深入开展，研究课题在学校全面开花，青年教师都积极参与到课题研究中来，近年来，我校教师确定的研究课题就有 20 多个，学校逐步走上了科研兴校之路。

7.4 增进了学科之间的交流，推动相邻学科的发展

随着校本教研的深入开展，全体教师都主动、积极地参与教研活动，积极参加听课、说课、评课活动。每位教师每学期都至少上一堂教学公开课。许多教师积极参加其他学科的听课活动，取长补短，共同探讨教学实践中出现的问题，寻找解决的办法，增进了学科之间的交流。各学科之间，特别是理科综合和文科综合更注重交流和协作。历史科和地理科做到史地不分家，两个学科合并为一个教研组，更重视学科的交流合作，使得各个学科都能够均衡发展。

7.5 整合学校力量，促进学校健康和谐发展

近年来，学校在破解课堂教学质量难题、制度创新、教研教学创新等方面取得了较大成果，在揭东乃至周边地区产生了较大影响。学校高考成绩连续 11 年居全县普通中学第一名。学校的办学情况作为全省普通农村中学代表，被收编到广东人民政府发展研究中心、广东省教育厅主编的《和谐与发展》一书中，在农村中学中发挥较大的示范作用。2011 年 8 月，学校经评估验收，被授予"揭阳市一级学校"；2012 年 4 月，学校被评为"广东省厂（校）务公开民主管理工作示范单位"；2012 年 4 月，学校被评为"广东省五四红旗团委"。

8. 课题研究中的思考

研究中发现，部分青年教师前瞻性不强，得过且过，不注重自身专业发

展；忽视自主学习、课余学习，视野不开阔；忽视总结提高，专业能力提升慢；对继续教育马虎应付；产生职业倦怠，不思进取；创新思想意识接近于零，无法形成具有个人风格的教学方法。

参考文献

[1] 国家中长期教育改革和发展规划纲要（2010—2020 年）[Z].

[2] 广东省中长期教育改革和发展规划纲要（2010—2020 年）[Z].

[3] 教育部. 面向 21 世纪教育振兴行动计划 [N]. 中国青年报，1999-02-25.

2012 年 11 月，本文发表在《中国科教创新》

（2012 年第 33 期，CN 刊号：11-5599/N；ISSN 刊号：1673-9795）

面对新课程改革，
激发体育教师的创新潜能

摘　要：随着新课程改革的逐渐深入，体育教育的重要性逐渐显露出来，体育越来越受到人们重视。面对这一系列改变，体育教师的职能也应当随之改变，体育教师要肩负起责任，创新教学方法，将体育事业发扬光大。本文主要探究在新课程改革的情况下，如何激发体育教师的创新潜能。首先本文指出了目前体育教育中存在的问题，其次以校园足球为例分析了体育教师的创新问题，再次提出激发体育教师创新潜能要遵循的原则，最后论述了如何能够激发体育教师的创新潜能，并总结全文。

关键词：新课程改革　体育教师　创新潜能

中图分类号: G630 文献标识码: CDOI: 10.3969/j.issn.1672-8181.2017.18.097

创新是一个民族进步和发展的灵魂，是国家兴旺发达的不竭动力。经济和社会发展的任何一个领域都离不开创新。教育行业的创新更是十分关键，体育教育是当今的热门话题，体育教师要进行教学方法的创新，激发创新潜能，不断提高体育教学质量，为培养德智体美劳全面发展的人才做贡献。

1. 目前体育教育中存在的问题

1.1 教学观念落后

目前的体育教学中存在一种不好的教学观念，许多体育教师只重视对学生进行体育课程的教育，而忽视了对学生全面的身心健康的培养。体育

教师在教学过程中，重视体育技能的教学，开展专业化的技能训练，但是忽视了对学生运动习惯的培养，仅仅为了加强学生的体育运动技能，而没有对学生进行体育精神的灌输。这种教学观念是不符合时代发展潮流的，应当有所改变。

1.2 教学方法简单

由于长期受到应试教育的影响，体育教师在教学中采取的教学方法也比较简单，仅仅为了让学生应对考试、通过测验，这样会严重危害学生的全面健康发展。体育教师自身的教育观念就比较落后，相对应的教学方法肯定会存在落后性。教师在教学中主要以增强学生体育运动技能为主，忽视了对学生多方面体育精神的培养。教学方法大多是身教言传，课堂教学形式也比较枯燥，导致学生学习兴趣不高，教学质量和成果可想而知。

1.3 教学目标单一

体育教学中，教师的教学目标单一是个大问题。单一的教学目标容易导致学生在校园里学习了十几年的体育课程，走出校园后就彻底与体育说再见了。这主要是由于教学目标过于单一引起的。教师在进行体育教学时，只按照体育教学目标进行教学，不注意对学生体育兴趣和锻炼能力、习惯的培养。这样的教学目标，使得学生对体育的认识仅仅是应付考试，而没有形成终生锻炼的意识，一旦离开了校园，体育锻炼就彻底消失在生活中了。

1.4 教学评价无差异化

目前体育教学的测评较为单一化，忽视了学生的个性测评。单一性的教学评价忽视了学生的个体差异，容易埋没学生的努力，打消学生对体育的积极性。单一的测评方式还容易导致对学生体育能力的考评不全面，考评结果带有片面性，没有说服力，这样的考评价值可想而知。

2. 体育教学创新案例分析——蓝田中学校园足球工作

2.1 学校概况

揭东区蓝田中学位于新亨镇镇区 206 国道旁，占地近 150 亩，建筑面积 56600 平方米，为全国首批青少年校园足球特色学校试点单位、广东省安全文明校园、广东省厂务公开民主管理工作示范单位、揭阳市一级中学、揭阳市首个教师专业发展学校，是区域性农村普通中学典范，在揭阳市乃至整个粤东地区都具有较大的影响力。现有学生 3023 人，44 个教学班，其中开设体育等特长班，在职教师 204 人，其中特级教师 1 人、中学高级教师 20 人；教师本科毕业 196 人，研究生学历 4 人（含在读）。

2.2 蓝田中学校园足球的具体做法

第一，成立领导机构。李永亮校长任组长，3 位副校长任副组长，其中陈培文副校长负责开展具体业务工作，从学校层面统筹开展校园足球工作，保障校园足球普及工作顺利推进。

第二，场地及器械。足球教学经费专款专用，学校适当增加投入，合理规划足球场地，提高场地使用效率，每学期初统筹购买教学、训练的相关用品及器械，保障教学、训练需要。

第三，撸起袖子，真抓实干，切实做好足球教学工作。确保每周至少一节专门的足球教学课，适时组织班级小组赛，提高学生对足球运动的兴趣，并积累经验，为进行班际足球比赛做好准备。

第四，组建校园足球队，以赛促练。每年招生时，经初中校长推荐的足球特长生给予特招，直接进入足球队，利用体能测试等方式再招一批优秀队员，有计划地与市内外足球队进行交流比赛，促进足球队技战术的提高，让学生在平时也能享受比赛带来的快乐，感染周围同学，吸引更多同学参与到足球活动中来。

第五，安全保障。每年学校都为师生投保校园责任保险，每次比赛前为学生进行体检，还为参赛师生购买意外伤害保险，确保学生家长放心、学生愉悦参赛。定时检修场地及器材的安全隐患。

第六，注重教师培训。学校积极派出足球骨干教师外出学习（本省广州、梅州、汕尾、恒大、惠州、清远，广西北海等）学习归来后给全组成员分享学习心得，每周一次教研组会交流学习。

第七，宣传推动。通过媒体对校园足球进行宣传，让周边群众认识校园足球的正能量，支持子女参与足球运动，为校园足球带来动力。

第八，科研促教，承担国家级子课题。开展国家级子课题《开展足球活动若干问题的探讨》研究，通过课题研究，探索校园足球开展存在的问题及解决办法，更好地推进校园足球的普及。

3. 激发教师潜能应当遵循的原则

3.1 强调评价的过程性

新课程改革强调的是学生在学习过程中学会学习，这是体育教师在教学中首先应当考虑的事情，而不是过分看重学生的学习结果。对于体育锻炼，各项技能和素质的指标只是体育学习结果的一个评价标准，在生本教育体系下建立评价机制强调以过程为导向，注重学生在体育运动过程中的评价，特别重视培养学生的学习方法和体育锻炼的意识，对学生的活动与发展状况进行具体的评判和分析。

3.2 注重评价的全面性

在新课程改革过程中，对学生的评价内容和评价指标的设计都以学生的全面发展为首要目标，要尽可能全面地关注学生的各方面素质，既要重视运动技能的掌握，也要重视学生思想品德的发展，尽力提高学生的实践能力。要通过不同层面和不同方向的测评，引导学校教育教学按照全面发展的培养目标优质高效地运行。

3.3 坚持主体的参与性

在传统教育评价体系中，教师作为唯一的评价者，学生只是被动的评价对象，几乎没有机会真正的参与进来。这样，教师与学生之间的关系就变成了一种自上而下的"单向性评价"，评价的过程体现的是教师的知识水平和价值观点，学生自身的学习能力和素质就被忽略了。以生为本强调要以学生的全面发展为本，评价者如果仅仅是教师，明显有悖于这一现代教育理念。因此，学生作为评价者主动参与到评价过程，不仅实现了评价主体的多元化，而且有利于发挥和调动学生的参与意识和激情，而后者才是新课程改革的真谛。学生只有以主人的姿态投入评价活动中去，才能从自身发展的实际需要出发，在教师的指导下确定评价内容，参与并主动分析和解释评价结果，及时准确地获得自己发展状况的反馈信息，促使自己更好地发展和进步。

3.4 重视个体的差异性

目前，包括中等专业学校在内，学生的差异性日益扩大，这在体育课堂教学中表现得更加明显。因此，在考核评价过程中必须正视这一现象，按照因材施教原则，实施分层、分类教学，让每一个学生都能得到充分发展，都能在体育活动中享受快乐和体验成功，这是和谐社会科学发展的要求，也是人本社会文明进步的标志。

4. 如何激发体育教师的创新潜能

4.1 提高教学能力

教学能力是教师能力中最重要的因素，所有事情的提高都要建立在教师教学水平的基础之上。要想提高教师的创新能力，首先教学能力要达标，才能谈教学方式创新。体育教师要不断地充实自己，不仅要掌握专业体育项目的知识，还要懂得研究教学方式、授课方式，要让学生易于接受、容易掌握，这样的教学才是成功的教学。教学能力达标之后，就要对教学方式进行创新，提高课堂活跃度，让学生真正参与进来，鼓励学生成为体育课堂的主人。

4.2 提高课余运动队的训练度

学生课余运动队的组织和训练应当重视起来，这是创新教师教学方式的重要途径。课余体育训练在提高学生身体素质的同时也为国家体育事业储备

了坚实的后备力量。在学校中开展体育活动、推广体育文化，一方面丰富了学生的课余生活，让学生在紧张的学习中能够得到一丝歇息；另一方面也激发了学生的集体荣誉感。体育教师需针对不同学生的特长进行科学培养、合理训练，使每位队员的潜在能力得以发挥并妥善利用。对运动队的培训和组织，能够很好提高教师的教学创新能力。

4.3 提高教师的应变能力

相对于其他学科来讲，体育教学在内容和时间上都有很大的弹性与随机性，会受到多种因素的影响。作为体育教师必须具有处变不惊、临危不乱的应变能力，要能够随时随地处理突发状况。教师只有灵活安排、巧妙处理，才能保证教学工作按照计划顺利进行。但应变能力也不是一朝一夕能培养出来的，要经过多实践、多观察、经常及时总结经验教训来实现。因此，体育教师在教学过程中要尽量与时代接轨，以更好地适应新课改的要求，让体育课程更具时代感，让学生更容易接受。

4.4 提高教师的计算机应用能力

上网搜集信息是体育教师提高个人水平、拓宽知识面、完善知识结构、培养创新思维的重要途径。因此，计算机的实际操作能力对于每位体育教师来讲就显得尤为重要了。通过计算机可以获得大量信息、制订教学计划、体现科研成果、规范管理工作；等等，因此，合格的体育教师必须懂得如何使用计算机，并熟练运用现代教育技术手段，让幻灯投影、电视录像、电子计算机等多媒体教学手段参与教学，提高教学效果。

☀ 5. 结语

在新课程改革的大背景之下，任何一门学科的教学方式都要进行创新。体育课程也不例外，教育界目前高度重视学生的体育教育，教师要担负起增强学生体质、培养终身锻炼意识的大任，不仅要教会学生专业的运动技能，更要传播体育精神，将体育教育的实质显现出来，教导学生勤于锻炼、积极锻炼，培养学生积极参加体育运动的好习惯。

参考文献

[1] 罗树华，李洪针.教师能力学 [M].山东教育出版社，2002.

[2] 沈本照.把握新大纲的实质贯彻健康第一的指导思想 [J].中国学校体育，2002，（1）.

[3] 郭思乐，教育激扬生命，再论教育走向生本 [M]，人民教育出版社.2006.

[4] 汪晓赞，张军等.对体育与健康课程可操作性学习评价的设计 [J].体育教学，2008，（7）.

[5] 谭小明.生本教育模式下中职体育课评价方式初探 [J].职业教育研究，2010，（4）.

2017 年 9 月，本文发表在《时代教育》

（2017 年 9 月下，CN 刊号：51-1677 / G4；ISSN 刊号：1672-8181）

激发潜能，当代学校发展的原动力

学校教育育什么人？怎么育人？为谁育人？带着对当前学校育人工作的追问，怀着一切为了学生的成才和发展的执着精神，熏陶千年名校丰厚文化底蕴的蓝田人正着力打造学校核心文化——"激发潜能"，包括激发学校行政班子的潜能、激发教师的潜能、激发家长的潜能、激发学生的潜能，这一系列潜能激发方式的创新和现实形式直接影响学校发展的基本态势，也直接影响受教育者的层次和品质，是当代教育发展的原动力。

一、激发学校行政班子的潜能

学校行政班子是学校发展的中坚力量，对学校的发展规划、教师的专业成长、学生的全面发展起着举足轻重的作用，对学校"教育政治方面的正确把握，重大教育举措的有效展开，教育质量的稳步提高"承担着重大责任，因此，行政班子的领导力、决断力、沟通力、自我锻造力必须始终保持旺盛和上升的态势。

（一）明晰方向，激发领导力

学校的职责就是教书育人，然而"育什么人，怎么育人，为谁育人"就决定了学校领导班子必须有清晰的方向感和政治定力，确保基本导向不出偏差。行政班子在具体业务上的作用在于引领和示范，因此在激发班子潜能的过程中必须以强化班子成员的自觉担当意识、责任意识，做到有位有为、有为而不乱为，不断提升执行力、公信力为目标。蓝田中学为实现这一目标，重视班子的政治理论、教育法规和现代学校管理理论的学习，提高班子成员的政治素养和管理决策水平；明确各处室和班子成员工作职责，强调线条工作与年级工作有机结合，教学工作与德育工作有机渗透，一线教育教学与后勤服务相互协调，提高工作效率，讲求实效。班子成员率先垂范，带头学习，带头奋战在教育教学第一线，带动师德师风建设，营造敬业奉献的精神氛围。

（二）认真聆听，激发决断力

聆听是实现管理艺术的要求。知人者智，管理就是在充分了解不同人不同诉求的基础上进行平衡的艺术。要成为一个优秀的教育管理者，首先要学会认真聆听。马斯洛在《人类激励理论》中提出"需求层次理论"学说，他将人类需求像阶梯一样从低到高分为五种层次，分别是生理需求、安全需求、社交需求、尊重需求和自我实现需求。作为行政领导，在聆听教师的心声、了解教师在专业发展过程中的需求时，应对照这一受到全世界普遍认可的行为科学理论，先关心教师的衣食住行、生活环境、办公条件等，然后关心教师的安全需要。教师在满足了这些最基本的低层次需要的同时，必定会追求高层次的需求，如社交、尊重、自我实现等，因此要有意识地为他们提供展现自我的舞台，使他们获得专业的成长，实现自己的职业价值，从而收获幸福的人生。学校管理者的主要任务之一就是通过各种激励手段调动学校教师的工作积极性和创造性，激发教师的创新精神，以实现学校不断发展，而这一切都建立在认真聆听的基础上。

聆听是建立非权力领导力的要求。菲德勒曾经提出了权变领导理论，他认为领导与同事或下属之间的相互信任、相互尊重、相互喜欢的程度越高，那么领导的权力和影响力也越大，而不是领导的权力和影响力越大，领导与下属的关系会越融洽。学校管理不同于一般的行政管理，它常常不是靠权力或权术来维系，而是靠服务、支持，靠管理者的人格魅力等非权力因素来推动的。只有非权力领导力才能创造学校阳光、民主，百家争鸣、百舸争流的生动局面，形成强大的归属感和凝聚力。聆听是构建非权力领导力的要求，一个刚愎自用、妄自尊大，不懂聆听、不愿聆听的学校领导是无资格谈教育的，也不可能赢得教师发自内心的尊重。

聆听不是一种作秀的姿态，而是集腋成裘发挥集体力量的要求。学校的决策往往是领导们商讨一下就拍板，教师由于没有参与感，所以缺少对决策过程的了解和执行决策结果的决心，甚至明里暗里加以抵制。所以可以尝试领导决策、教师听证，以及实行教代会提案制度，让教师的心声能及时传达到决策层，减少决策的片面性、随意性，既提高学校决策的合理性，又加深了教师对决策的正确理解。

只有聆听，才有尊重，只有尊重，才能设身处地的为教师着想，对他们多鼓励、多指导、多关心，也才能创造团结、和谐、互助的气氛和良好的人际关系。

（三）有效谈话，激发沟通力

在学校，管理很大程度上就是沟通，而沟通最有效、最常用的方式就是进行谈话。谈话是否能达到目的，体现了一个领导的综合行政素养。因此，每个行政领导都必须提高自己的谈话水平，组织有效谈话，服务于学校发展大局。

1. 明确谈话的性质

在学校管理实践中，谈话有不同的形式，比如提醒性谈话、鼓励性谈话、关怀性谈话、了解性谈话、诫勉性谈话等，不同的谈话有不同的要求，采用不同的流程。比如，鼓励性谈话、关怀性谈话可以进行单独座谈；而提醒性谈话、诫勉性谈话就要多人在场，并做好谈话记录；了解性谈话则要重视保密性；等等。因此，我们要根据实际情况，明确谈话的性质，做好谈话的各项准备工作。

2. 因人而异导入谈话

谈话人在谈话交流前要做好充分的调查了解，详细掌握被谈对象的情况，确定谈话重点及内容提纲。由于谈话的性质不同，教师的文化程度、思想基础、工作岗位、社会经历、个性气质等千差万别，因此必须根据实际情况，采取不同的导入语，使谈话更高效。

3. 耐心倾听以示尊重

倾听是一种素养，也可以更深入地了解谈话对象的要求。倾听能让我们及时调整谈话策略。因此，倾听不仅仅是耳朵在工作，眼睛还要观察谈话对象的表情、肢体语言等，并在大脑里快速加工信息、做出判断。与此同时，我们还要注意用适当的动作对谈话做出反应，比如微笑、点头、皱眉等；还可通过插话等方式，在倾听的同时把谈话引向深入。

4. 有的放矢予以引导

为了提高谈话的效率，达到预期目的，谈话者必须根据谈话的性质，善于引导，让谈话对象语言有方向、内容有侧重，不能任其天马行空、泛泛而谈。

5. 做好高度深度兼备的总结

当谈话即将结束时，谈话组织者应就谈话内容进行总结，并且提出希望和要求。而对于诫勉性谈话，还必须旗帜鲜明地予以批评、实行诫勉，责令限期改正，不能够含含糊糊，令人无所适从。如对不能完成工作目标任务的，领导班子内部出现严重不团结现象的，工作失误造成一定负面影响的，民主考核比较差的，在思想作风、工作作风、生活作风、廉洁自律存在问题的。

总之，谈话是一门艺术和学问，需要我们在实践中不断总结、调整、提高，使之更好地服务学校发展大局。

（四）发现自我，激发内动力

潜能就是潜在的能量，常指人类原本具有却没有被开发的能力，并且每个人的潜能都是无限的，但这一潜力需要积极开发，才能使潜力变成实际能力。

1. 要充满自信

自信是发现并激发自己潜能的基础。我们必须先接受一个观念，那就是真心地相信自己与生俱来的潜力还没完全展现出来，自己的努力程度还远远不够。同时，能够在教师群体之中脱颖而出，成为行政干部，一定有你过去的努力，当然也证明了你的能力和综合素养，因此要充满职业自信。

2. 要志存高远

拿破仑说："不想当元帅的士兵不是好士兵。"同理，我认为："不想当教育家、专家的班子成员不是好班子成员。"志存高远就是激励自己走向一条进取的、迎难而上的、智慧的人生之路。有成为教育家、专家的志向，就会对自己严格要求，不断加强学习，不断激发自己的潜能，就会在职业道

路上风雨兼程，克服各种困难，迸发出巨大的教育影响力、领导力。

3. 要身心健康

拥有健康的身体、充沛的精力、良好的心理品质，才能有效地激发自己的潜能，更好地实现自己的职业价值。没有健康的身心，就失去了奋斗的基础，不能投身日益激烈的职场竞争。

4. 要终生学习

自主发展是专业发展的必然趋势和终极追求，而自主发展的前提是终身学习。在新的历史时期，班子成员应紧跟时代的步伐，干到老，学到老，成为终生学习的先行者、探索者和示范者，使终生学习是成为自己专业发展不竭的动力。

5. 要习惯性反思

"吾日三省吾身"可以缩短一个人的成才时间。我们偶尔要放慢脚步，或者停下来，回顾自己走过的路，思考自己的工作得失，或给予肯定和强化，或给予否定和修正，总结参加工作以来的经验教训，审视、诊断、调适，在反思中使自己的专业发展获得质的提升。经验往往是零散的、杂乱的、片段的，它不具备普遍的实践意义，如果我们在经验面前裹足不前，那么将无法摆脱成长的困扰。因此，我们要自觉地对自我行为、精神思想等进行批判性的察觉、思考和总结，积极探索与解决管理实践中出现的一系列问题，及时修正调整才能提高自身的职业水平。

十年磨一剑，我们通过激发班子成员的潜能，然后量才授职，"陈力就列，不能则止"，能者上，庸者下，形成了良好的合作、竞争生态，打造了一个来之能战、战之能胜的行政班子。目前，蓝田中学领导班子富有改革、开拓、创新和团队精神；有科学的工作态度、浓郁的人文情怀，关心师生，号召力、凝聚力强；以人为本，任人唯贤，凡事坚持"公""法""理"3个字，在师生中享有较高的威信。

☀ 二、激发教师的潜能

教师是"人类灵魂的工程师"，是学校最终完成育人任务的基本力量，教师潜能激发的层次决定了教育质量的层次，激发教师潜能是一个系统工程，必须使教师有准确的职业定位，迸发出奉献精神和团队意识，同时要根据时代发展新要求，不断提升专业能力，创新激发潜能的方式。教师专业能力全面优化升级必然带来教师潜能激发达到新高度，这也是当前应对构建和完善现代教育方式的必要条件，对学校教育发展具有重大意义。因此激发教师的职业认知感、团队意识、专业能力、心理承受能力、创新能力等，是学校可持续发展的关键因素。

（一）准确定位，激发职业认知感

俗话说"知人者智，自知者明"，"自知"应该包括对自身的职业认知。做好本职工作是一个人实现人生价值、享受幸福生活的基础，而做好本职工作的前提就是对自身的职业有正确的认知。

1. 要有正确的职业定位

激发教师的潜能，首先要让教师有正确的职业定位，即弄清楚什么是教师？教师的作用是什么？这是两个流变的问题。纵观中国教育发展史，教师的职业作用和职业定位至少经历了三次变化：第一次是"传道"——即道德本位，教师在传授知识的同时，主要承担着社会教化的作用，同时必须是社会道德的绝对楷模，是"重义轻利"的模范；第二次是"授业"——即知识本位，这个阶段教师作为人类文明的传播介质，是文化的垄断者，承担着知识传授的任务，同时依然要求教师"行为世范"；第三次是"解惑"——即素养本位的阶段，这一阶段要求教师既是知识领域的专家，也是学生成长的陪伴者和引路人，同时要求教师的综合职业道德要普遍高于其他行业。《礼记》中说："师者也，教之以事而喻诸德也。"育人只有在教书的基础上才能做到，而教书只有育人才能实现其教育目的。

2. 要具有职业认同感

教师的职业认同是教师专业发展的重要条件。教师的工作压力大、工作时间长、工作强度高，若没有对职业的坚定认同，很容易产生职业倦怠，甚至拒绝进步。只有无条件地接受甚至热爱自己的教师身份、自己的职业，提高职业的满意度，不为外界对教师的舆论、评价所影响，不为教师的政治、经济地位所动摇，才可能有负责任的自主行动和不断成长的动力。所以，教

师要热爱自己神圣的职业，在崇高的人生观和价值观指导下，用自己的智慧和汗水，最大限度地接近社会的赞许和接纳，在成就学生的同时实现自己的职业价值，并收获人生的幸福。

3. 要通过自身努力提高职业声望

职业声望在很大程度上表现为该职业的一种社会声誉，其他社会成员对这一职业的从业人员的敬重程度，以及该职业成员对社会的非权力影响。从根本上说，从业人员的整体素质对该职业具有决定性影响。虽然社会氛围、舆论环境等客观因素对教师职业声望的形成具有重要的作用，但是"尊严来自实力"，职业声望主要还是得靠自己用辛勤的汗水和符合职业需要的师德去获得。因此，我们更应该从自身的主体性和能动性出发，共同努力提高教师的职业声望。

（二）合作互助，激发团队战斗力

在日常教学活动中，教师大多数时间都是相互隔离、各自为战，他们有着自己的学生、教材和教案，靠一己之力就可以解决课堂中的种种问题。大多数教师都把自己的全部精力集中在整个课程中他们所负责的那一小部分，他们很少花时间，甚至不愿花时间与同事一起沟通、分享和共进。长期的孤立和相互隔离也给教师之间的合作设置了障碍，即使提供了机会，教师也未必愿意表达自己的观点，未必愿意把自己的实践知识与别人分享。社会的发展要求我们能够培养出有团队意识、善于合作的学生，但是，教师团队本身存在的问题决定他们无法培养出这样的学生。因此，团队意识在新一轮教育改革的背景下显得更加重要。

1. 同伴互助是激发团队意识、发挥教师群体效能的重要策略之一

教师的心理状态无法在狭窄的自我空间里完善，只有在良好的群体环境中才能健康成长。在充满不确定性的改革大潮中，不和谐的教师群体容易被冷漠感、自卑感、孤独感和不胜任感等负面情绪笼罩，而和谐互助的集体氛围，可以让教师找到来自职场的稳定信任感、安全感和归属感。"一滴水只有汇入大海才能永不干涸。"因此，身处变革时代的农村普通高中教师，必须抱团发展、经验共享、交流碰撞，才能更高效、更妥善地处理各类新问题，

才能与时代同步、与改革同行。

实践证明，同事之间、上下级之间的互助，能够有效地激发团队意识，使教师树立信心，心情愉悦地工作和生活，并且乐意接受学校的组织目标，具有高水平的任务执行力和工作效率。

2. 传、帮、带的辅助作用

从教师的成长规律来说，要成长为一名优秀教师需要经历四个阶段：入门阶段，这个时期主要积累备课和流畅讲课的经验；借鉴阶段，这个时期主要通过学习和借鉴有经验的教师，提升驾驭课堂的能力；磨砺阶段，这个时期把各种理论、各种间接经验大量地运用于自己的教育教学工作中，去碰撞，去检验，承担更重的工作量，承受更大的工作压力，快速获得更多的实践经验；反思阶段，经过数年的工作，应找出专门的时间，总结参加工作以来的经验教训，加以审视、诊断、调适，在反思中使自己的专业发展获得质的提升。在这个过程中，好的传、帮、带制度能够有效地助力教师的专业成长。

合作是一种有效的学习方式，也是优秀团队的重要特征，而"传、帮、带"强调的正是合作与分享。具有共同职业特点的"师徒"对子聚集在一起，思维往往比较活跃和自由，这种氛围往往能够创造出美好的思想境界，碰撞出可贵的思想火花。青年教师在学会专业知识和技能的同时也学会与人合作，亲身体会到合作的重要价值。

（三）精通业务，激发专业能动力

在工作和学习的过程中不断实现能力提升，是教师专业发展的重要内容，教师专业能力的提升和全面展开过程，就是潜能激发的过程。根据时代发展和新的任务要求，教师必须有与时俱进的观念，不断优化和升级自己的专业能力。

1. 打造教学领导力

教师的专业能力是教师在教育教学活动过程中运用一定的专业知识和经验顺利完成某种教育教学任务的活动方式和本领。教师专业能力的构成要素主要包括：学科知识更新能力、学科备课（包括备学生）能力、教学设计能力、课堂教学和驾驭能力、教学方法选用能力、教学语言表达能力、教学媒体操作能力、学法指导能力、检查学习效果能力、说课与听评课能力、教学评价能力、

教学研究能力和教学反思能力等。教师要获得可持续的专业成长，更好地实现自己的职业价值和职业理想，就必须针对这些要素，有计划、有目的地完善自己，逐渐形成自己的风格和特色，成为学科带头人，产生教学领导力。

目前国内外关于教学领导力的研究很有限，而且关注点都集中在校长的教学领导方面，对教师的教学领导力关注不够。所谓的教学领导力就是"教学活动主体对教学活动施加影响，以使教学活动有效运转进而取得预期目标的一种力量"。（采用李冲锋在《当代教育科学》2009年第24期发表的文章《教师教学领导力的开发》所下的定义）教师教学领导力的形成有赖于一个教师丰富而精深的学科知识、优秀的学科研究能力与发展预判能力、纯熟的学科教学技巧和课堂驾驭能力、良好的人际沟通与协调能力……这种影响力和权威没有哪一个组织和个人能够简单赋予，它需要教师长期的自我磨炼和建构。当形成教学领导力时，一个教师也就实现了自己的职业价值。

2. 培养教育科研力

众多教育家成长案例表明，他们最初也只是普通教师，他们不同于普通教师是因为他们加入了教育科研行列，最终成为名家大师。教育科研的良性发展，非常需要有实践经验的一线教师的加盟。诚然，一线教师开展教育科研有着诸多条件制约，挑战很大。然而，也正是这些困难和挑战的存在，更有利于激发教师的潜能。很多学校实施科研强校战略，真刀真枪的教育科研出什么科研成果姑且不论，单单由此带来的教师潜能得到激发、专业水准大为提高、优秀人才大批涌现，学校就受用无穷了。当然，优秀教育科研成果对学校发展的贡献也是不言而喻的。近几年来，我立项《农村中学教师专业化发展的生态化研究》和《粤东地区农村普通高中教师专业发展潜能激发的行动研究》两个科研课题，带动了学校形成课题研究的浓厚氛围，现在，学校已有国级、省级、市级、区级等20多个课题在研或顺利结题，实现所有学科开展课题研究全覆盖，教师的教学方法方式有显著改进、优化，教师的专业能力得到了锤炼提升，教学质量稳步提高。

3. 强化学识再造力

教师教育主要包括三个方面，即职前教育、入职锻炼、职后继续教育。职后继续教育是一个综合性的工程，其中最重要的就是学历提升或学历补偿、专业能力培养提高、师德素养学习等，也称之为"继续教育"。教师职后继续教育是现代社会发展和教育发展对教师素质要求提高的集中反映。

要成为一名合格的教师，除了职前教育和入职锻炼，还要经过一个由不成熟到相对成熟的漫长的成长历程，这个历程是专业知识不断积累、教育教学技能和能力不断提高、教学情感不断完善的过程，这一过程的实现必须依靠继续教育来完成。

近年来，"学者型教师"的观念逐渐深入人心，而且人们几乎把"学者型教师"当作"教师专业化"的同义语，而是否具有较强的教育研究能力，又成为区分一个教师是专业教师还是非专业教师的根本标志。"学者型教师"的培养离不开继续教育，因此，职后培训力度不断加大是教师专业发展的必然趋势。

4. 增强社会文化适应力

大多数教师的生活轨迹非常简单——由学校（读书）走向学校（工作），他们长期生活在一个相对封闭、单纯的环境之中，所有的精力都花在与学生和同事打交道上，整体缺乏丰富全面的社交经验，内向型的职业环境使走进农村中学的教师很快与社会脱节。在日益多元的社会和文化背景下，不同的价值观、世界观、教育观等都会发生碰撞和冲击，如果教师不能转变观念和方法，不能换位思考，无法充分认识和融入社会文化，就无法以包容的心态去思考、分析问题，也就无法和学生以及学生家长取得共鸣。世界上最大的距离就是文化上的鸿沟，因此，教师必须更充分地认识并融入社会文化。

当今教师面临着网络文化前所未有的挑战。20年前人们就提出了"信息时代何者为师"的问题，现在已非常明朗，大家都认同：在网络时代，教师与学生都各有自己的知识优势，学生也可绕开教师，求诸网络获得知识。就教育规律而言，教师增强教学效果的办法就是用学生熟知的知识和语言来讲解，问题是：学生拥有的知识和网络语言老师知道多少？这对教师，特别是中老年教师来说，的确是很大的挑战。最近，蓝田中学组织对学生进行教育教学问卷调查，很多学生对青年教师使用网络语言大加赞扬，说这样"增进师生感情，提高了效率"，有一个学生干脆提出"不要让有代沟的老师教我们"。这是一个很多教师必须设法解决和适应的问题。

（四）自我调节，激发心理蜕变力

各行各业的人们在各自的岗位上，都会遭遇到各种各样的压力和困惑，特别是面对大规模变革时，人们往往会感到茫然、无助、不知所措。随着新一轮课改的到来，广大农村普通高中教师充满了危机感、不适感，甚至排斥和仇视改革，进而产生心理健康问题，影响了自己的工作和生活，大大降低了职业幸福感。鉴于此类问题，笔者强调重在自身的认知及调适。压力是外部客观环境和教师个体特征相互作用的结果，要缓解压力，从客观上来说就必须减少或消除压力刺激源，而新一轮课改是大势所趋，不可能减少或消除，所以只能通过主观的调适，这是最主动、最及时、针对性最强的。在新课改的历史大潮之中，每位教师都应积极寻找并建立适合自己的心理调适方式，及时消除心理负能量。

1. 要科学直面压力

当代社会崇尚"丛林法则"，大家都在竞争中快节奏地生活、工作，压力、危机可谓无处不在、无时不在、无人不有，教师们要意识到这个问题无法回避，更无法消除。新一轮课改是大势所趋，是以国家和民族的未来为筹码的一次战略性改革，没有压力、没有危机是不可能的。作为农村普通高中的教师，面临的挑战无疑会十分巨大，甚至会超乎我们的想象。如果我们不能站在历史高点，不能顺应历史大潮，不能正确地认识新一轮课改带来的压力和挑战，那么我们就会被紧张、焦虑所淹没，随之产生逐渐严重的职业倦怠感，甚至反对、仇视、破坏新一轮课改，从而无法依法履行自己的工作职责，乃至成为历史的罪人。"宝剑锋从磨砺出，梅花香自苦寒来"，有人在压力的作用下一蹶不振，可更多的人会在压力下一飞冲天，创造奇迹，所以，压力有可能是一种危机，但也有可能是赶超进位的机遇。相同的压力，不同的心态，结果会截然不同。解决内心情绪困扰的最根本的方法是，改变不合理认知，建立积极合理的、有助于促进自己成长和获得成功快乐人生的信念。所以，我们要科学认知和对待压力，积极主动地掌握一定的抗压、排压、化压的方法，多进行自我心理暗示，能及时从压力事件的刺激源中脱离出来，保持心理健康和心态积极。

2.要丰富自己的生活

丰富而健康的生活就像我们的"加油站"，会让我们充满力量，风雨兼程。在新一轮课改背景下，农村普通高中教师的工作任务更加繁重，所受限制会更多，而平淡单调将一如既往，所以除了建立正确合理的职业认知，科学地对待压力外，通过丰富自己的生活，学会在生活中放松自我、释放自我，也是自我调适，及时消除心理负能量的有效办法之一。

3.构建心理支持系统

教师拥有良好的人际关系，就能够依靠这个支持系统，得到外界更多的理解和支持，教师不仅能够更加快速、有效地处理自己的负面情绪，也具备更强大的应对压力的勇气和能力。社会支持系统是一个长期的工程，这需要我们在日常工作和生活中用心建立和维护。只有真心才能换得真心，我们应在日常的点点滴滴中构建支持系统，关爱家人，关爱学生，真心对待同事、朋友，乃至陌生人，悦纳自己，包容他人，使自己能和谐地与周围的人际环境相处，并从中体验到愉悦和舒畅。这样在自己遇到挫折和压力时，才能获得他人的帮助和支持。

另外，当教师个体所遭遇的压力体验、所积累的心理负能量超过自我调适的限度，教师个体通过自己的努力无法克服压力情境时，应该求助于心理医生，借助心理咨询技术来缓解压力，而不能一味地采取压抑的方式来逃避。

（五）积极向上，激发发展创新力

毛泽东同志曾对年轻人说："世界是你们的，也是我们的，但是归根结底是你们的。你们青年人朝气蓬勃，正在兴旺时期，好像早晨八九点钟的太阳，希望寄托在你们身上。"大到一个国家，小到一个学校，要想兴旺发达、可持续发展，就必须重视培养后备力量。

1.鼓励参与

首先，要参与校本教研。比如在蓝田中学，我们鼓励教师通过校本教研、校本培训等方式实现自身的专业发展，要求每位教师每学期上一节全校公开课，保证教师有在全校"露脸"的机会；每个备课组每周组织两个小时集体备课会；每周举行班主任工作会；并定时举行教研组会……处处都是教师表

达交流的场所。利用教师专业发展学校的资源优势，"请进来"传经送宝和"走出去"学习借鉴相结合，突破原有校本教研的框框，改变教师坐井观天的局限，有效地加快了青年教师成才的速度。

其次，要参与各项竞赛。竞赛如打擂，竞赛平台如擂台，通过公平 PK 让教师在切磋琢磨的过程中展示自己的风采，从而不断提升自己的专业水平，实现专业成长。比如，我们采取各种形式，开展各项教学竞赛活动，如优质课比赛、论文评比、课件制作竞赛、微课设计竞赛等，有效地激活了教师群体的活力。

再次，要参与课题研究。开展课题研究，对于提高教师的专业能力，打造"学者型"教师具有十分重要的作用。课题研究的过程既需要个人的努力，更需要团队的合作。教师们在研究过程中，通过互相交流、研讨、合作、总结，能够开阔视野，激活思路，增长见识，达到互相学习、共同提高的目的。开展课题研究，还有利于激发和培养教师刻苦钻研的精神，并促使他们在教学实践中积极地发现问题、解决问题，在解决问题中提高自身的专业水平，促进自身的专业发展。

最后，要参与学校管理。教师参与学校管理的主要形式有担任学校行政干部、参与教职工代表大会、参与学校事务决策的听证、讨论与制定等。研究证明，鼓励教师参与学校管理，能够有效地降低教师的被动感和受控感，允许教师提出批评意见，为办好学校献计献策，并采纳和奖励教师的合理化建议，不扣"帽子"，不抓"辫子"，使其感到学校的发展和自己息息相关，才能催生教师对学校的归属感，也才能激发起发自内心的责任感和积极性，愿意与学校形成命运共同体。

2. 战略性计划

首先，要建立学校长远发展的方向性战略计划，有了学校的战略计划，才能有的放矢地建立培养后备力量的战略性计划。比如蓝田中学制定了《揭东蓝田中学五年事业发展规划（2011—2016）》，并且作为学校发展的行动指南，在新的历史时期，及时调整了发展思路、管理模式，在传承、创新、发展中展示厚重而独特的风采，创造了蓝田 800 多年办学史的新辉煌。

其次，建立培养后备力量的战略性计划。学校的战略计划建立之后，就要培养和配备一批执行和完成计划的人才，因此要配套建立培养后备力量的战略性计划。比如，蓝田中学在遵循《揭东蓝田中学五年事业发展规划（2011—2016）》的基础上，依托省级课题"农村中学青年教师专业化发展的生态化研究"，打造一支优秀的青年教师队伍，并取得了显著成效，为蓝田中学的可持续发展提供了强大的后备支撑。学校鼓励青年教师"一年入门打基础，二年上路显特色，三年过关上水平，五年成熟做骨干"。采用对教师的适度使用的策略，加快了人才培养过程，一大批青年教师脱颖而出。

最后，推行教学大循环。"流水不腐"，实践证明，教学循环能增强学校教师的教学教研活力。比如蓝田中学自2012年起为推进《揭东蓝田中学五年事业发展规划（2011—2016）》，利用各种场合向全体教师阐明教学循环的必要性，稳步推进教学循环，至目前，已如期实现80%教师大循环的预期目标。通过推动教学循环，使教师处于不进则退的压力中，激发教师的进取心。营造氛围，为青年教师提供更多锻炼和提高的机会，缩短了青年教师成长的时间。

目前，一支思想觉悟高、安教乐教善教的教师队伍正奋力战斗在蓝田中学教学岗位上，一种敬业、乐业的良好教学风气已经形成，青年教师队伍的成长和壮大也逐步走上了良性发展的轨道。教师强则学校强，蓝田中学实现由小到大、由弱到强，这支生力军起到了攻坚的作用。

三、激发家长的潜能

成功教育是多方面共同作用的结果。苏霍姆林斯基认为，没有家庭教育的学校教育和没有学校教育的家庭教育都不可能完成培养人这一极其细致和复杂的任务。这就是说教师和父母都是无可替代的孩子的教育者。学校与家庭都是青少年成长的重要场所，学校教育只有与家庭教育密切配合、协调一致、相互渗透，才会优化教育资源和环境，协同教育行为，为学生的成长构建良好的教育生态圈，从而大大强化和提升学校教育的效果，反之将破坏、制约和削弱学校教育的作用。因此，激发学生家长在家校联合教育中的积极因素，整合社区资源，形成家校一体的互动教育体系，将会给我们的教育带来新的发展动力。

（一）良性互动，激发家长定力

学校、教师与学生家长之间若能建立良好的关系，相互配合，取长补短，就能形成合力，为学生提供良好的成才环境，促进学生的健康成长。家校充分合作的前提是家长理解学校教育的目的，理解学校对学生的一切教育举措都是为了学生的成才和发展。现实却是：不少学生家长总是不知不觉地站到了学校教育的对立面，形成家长和学生"合力"对抗学校教育的滑稽局面。例如：有一位班主任对一位在教学区违规使用手机的学生采取暂时收缴手机的措施，结果该学生的哥哥得知后，竟然勃然大怒："你们老师可以使用手机，我妹妹怎么就不能使用手机？"还有一位家长对班主任电话家访通报学生一些违规事实，竟不耐烦地说："怎么连一些鸡毛蒜皮的小事也跟我说？"还有一些家长，当他们孩子在学校违纪违规时，他们马上想到的是替自己的孩子辩护，他们想通过辩护为其孩子减轻"处罚"，这些都是学生家长不能理解学校教育目的的案例，这种状况显然为学校教育增加了阻力，使教育效果大打折扣。因此，我特别强调，所有学校领导、老师在接待家长校访时，必须先对家长进行"教育"，让他们充分了解学校有关教育的目的何在，管与不管对学生有何影响。当家长表示认同、感谢时，说明沟通理解的任务完成，家长自然会很乐意配合对学生的教育，接下来对具体事项的处理就水到渠成了。

（二）感恩教育，激发亲子动力

调动家长参与家校联合教育积极性的另一个有效方法是开展感恩教育，协助改善亲子关系。有一次，我处理一位违规学生，邀请其家长到学校参与教育，我对该生教育只是寥寥数语，时间不长，然后，我让班主任带家长、学生到另一个办公室进行较细致的沟通和教育。教育完毕，家长带着学生特意到值班办公室向我告辞，家长对我表示非常感谢，竟然激动得边哭边说，并请求我把姓名、电话号码写给她。我觉得这是家长对学校教育一种十分真诚的感谢。如果说我对该生教育有什么亮点的话，那就是我有意设计了一个环节：让学生端一杯茶敬给辛苦的妈妈。这是我在每一次家校联系中必做的一个环节。当今中学生与家长的关系明显不如以前和谐，端茶敬亲，对许多父母来说，或是久违了，以至有些父母竟忙说"不用、不用"！当然，很多父母反过来要求孩子给老师敬茶，有的家长自己行动为老师端茶。这种情形出现，家校联合教育还有困难吗？我校有几位班主任帮助一些家长改善了亲子关系，其中有些亲子关系闹僵已经长达数年之久。这令家长十分感动，也带来了良好的社会效应。

（三）学做义工，激发社区协力

在部分学校零星实践的基础上，《国家中长期教育改革和发展规划纲要（2010—2020）》提出了"家委会"这一课题。学生家长如果参与学校管理和决策，家校教育将更有效地相互渗透。毫无疑问，创建具有较高自治权的家委会，让他们规范参与学校管理、决策和监督，共商教育大计，共铸校园文化，将更进一步激发家长在家校联合教育中的潜能。建立并完善家委会将是大势所趋，我校的家校联合教育有良好的基础，具备率先尝试的一定条件，对于这一"新课题"，美国的经验可资借鉴，美国教育在激发家长参与学校教育的潜能方面很值得我们学习。在美国，学生家长不仅参加学校的管理，很多学生家长还到学校做义工，帮助学校提供后勤服务、教育学生、筹款或其他活动。由学生家长构成的学习顾问团体也会来校协助做课程规划和学生成长规划等。家长之间也会互相帮助，老生家长会帮带新生家长。我们在美国学习考察中发现，几乎所有学校的校长和教师都非常肯定家长在学校教育中的作用。

（四）善用科技，激发家校合力

要使学校教育和家庭教育协调一致，就要畅通家校联系渠道，加强家校联系。

首先，要重视家访。在家校联系中，家访的效果是最好的。家访作为一种传统的家校联系方式，有着不可替代的作用。有些问题靠电话、短信、联系本沟通是很难讲清楚的，教师一定要有计划地进行家访，与家长面对面地交流、沟通。教师要采取多种方式开展家访工作，除传统的上门家访外，农村普通高中教师教学任务重，要求教师经常到学生家里走访不现实，但现在

通信手段发达，其他方式的家校联系可以弥补这一不足。

其次，要重视家长会。除了家访，家长会是教师与学生家长面对面沟通的好机会，而且比家访效率更高，且有集体氛围，更容易形成示范带动效应，效果更佳。鉴于家长会具有不可替代的重要作用，如何开好家长会，是农村普通高中未来必须面对的重要课题，也是激发家长家校联合教育潜能的必选项。

再次，要重视新平台的利用。目前，粤东地区各市县（区）都完成了"校校通""校讯通"等信息化、网络化平台建设。新平台的利用使家校联系得到进一步加强，并取得了良好的教育效果。因此，要在此基础上继续推进和完善。例如可以利用中国的传统节日；抓住春节、元宵节、中秋节、重阳节等开展主题活动，组织学生和家长共同参与，教师作为亲子交流的媒介和桥梁。

最后，我们还可以通过开设"家长意见、建议箱"、发送喜报、制作"给学生家长的一封信"等方式加强家校联系。另外，班主任是沟通学校教育、家庭教育和社会教育的主要桥梁，在教育教学中起着举足轻重的作用。因此，要实现家校协调一致，使其教育功能优势互补，就必须加强班主任队伍建设。要在完善激励机制的前提下，精心挑选班主任队伍，并时常学习培训，不断提高班主任队伍的素质能力。

四、激发学生的潜能

一个人的教育理念、教育思想、教育情怀将决定你的育人价值取向，也将直接影响受到你教育的人，不管是学生还是同行。激发学生的潜能是所有教育努力的根本指向，如何将学生的求知欲、表现欲、成功欲、兴趣欲、生命欲、创造欲等正能量激发出来，并形成自主的个人良好习惯，这将是每个教育工作者应该追求的、所想要实现的育人成果，并享受乐在其中的过程。

（一）目标定位，激发学生的求知欲

对教育工作者来说，育什么人是我们应时刻考虑的问题。我认为，我们的教育应该让孩子学会动手、学会动脑和拥有一颗博爱的心。

1. 学会动手

美国教育非常重视实用性。美国中小学校开设的许多选修课程，都是现时生活或今后工作中用得着的知识和技能，和中国想方设法禁止学生在校园使用包括手机在内的科技产品不同，美国学校甚至向学生提供各式高科技用品，并且鼓励他们使用。比如佛罗里达州大西洋大学附中所有高中生每人配备一台平板电脑，高中课程所有内容都在电脑里面，上课都使用平板电脑；学校的机器设计课程是与大学联合的，他们充分利用大学的软硬件资源，让孩子从小就和大学教授一起研究、实验，亲自操作，耳濡目染；学校的3D打印机坏了，要由学生自己维修……教师会鼓励学生去解决问题，帮助学生如何系统地思考问题。孔子曾经说过："学而时习之，不亦乐乎！"后代很多老师错误理解了孔子所说的本意。在当时，"学"是"学习"，偏重于理论，而"习"是"操作"，偏重于实践，孔子想要表达的是在学习的过程中，把学到的东西运用到实践之中，在实践中检验，而不是学习、学习、再学习，只有动脑和动手结合起来，那才是快乐的事情。

2. 学会动脑

中国教育在引导孩子动脑方面强调知识的传输、个人的思考，而美国教育则重视对学生批判性思维的训练和鼓励自由表达的熏陶。对于数理化的课堂教学重在利用实验室进行理论加实践，边学习边实验；对于文科类的课堂教学更多的是鼓励学生之间的相互交流，特别是比较深层次的交流而不是纯赞美性的交流，形成一个鼓励性的且互相挑战的氛围。不管任何学科，美式课堂都非常注重对于知识的运用和再思考。学生被鼓励多问为什么，多刨根问底，不轻信已有的答案、解释。在思想的碰撞和交锋中，孩子们已经学会了动脑。

3. 拥有一颗博爱的心

近年来，国内外学者对中国教育培养的"精致的利己主义者"有颇多诟病，而孩子经过多年的教育之后，之所以会成为"精致的利己主义者"，就是因为我们没有培养孩子拥有一颗博爱的心，一颗关爱自己、关爱他人、关爱社会、关爱自然的心。世界教育发展史告诉我们，一个拥有博爱之心的人，才是一个健康的人，一个快乐的人，一个懂得创造和珍惜幸福的人，一个能够为社会的文明进步添砖加瓦的人。我们过多地关注孩子的智力，而忽视了孩子的

情感，美国教师则非常重视培养学生的非智力素质。比如，他们关注学生的人格发展，注重培养学生的社会责任感、领导力和彼此尊重、理解、合作的能力。国内的教育则对学生的智力发展倾注过多的关注，对学生的非智力素质的关注明显不够。所以，两国中小学生的性格特点、能力结构等差别很大。在"育什么人"的目标定位方面，美国教育确实有值得我们学习的地方。

只有让学生在学会动手的过程中学会动脑，在动手动脑的劳动过程中体味生活，并拥有一颗爱心去热爱生活，热爱身边周围的一切，确定每个学生自己的人生观、价值观和世界观，并在自己的人生道路上保持旺盛的求知欲来完成自己的人生目标。

（二）合作分享，激发学生的表现欲

没有包容就谈不上团队建设，也谈不上合作精神的培养。中国的80后、90后和00后，大多是独生子女，几代人"万千宠爱于一身"，这些孩子常常以自我为中心，同学间合作、宽容和分享的精神十分缺乏。因为有了包容和分享，才能求同存异，才能发挥契约精神，真诚地共同合作，互利共赢，所以学校教育如何培养学生的合作分享的精神，显得格外重要和迫切。美国教师非常重视引导学生在合作中探求自己独立的思想，在合作中虚心倾听、分析别人的想法，学会和别人进行交流、合作以及分享，这方面是很值得我们学习的。

美国教育不仅以小组为平台，以共同完成某项任务为载体，注重学生在课内的协作学习，还强调学生在课外发挥团队的作用，进行视域更广的合作学习。例如，在课堂上教师常常把一班学生分成若干组，在充分讨论的基础上，在规定的时间里共同协作完成老师指定的任务。在课外，教师布置的许多作业也是要由几个人分工合作才能完成的。不管是课内还是课外，教师都鼓励和引导学生在独立思考的基础上，尊重其他同学的意见，并尝试吸收其他同学的好点子，学会对合作伙伴的努力和付出给予鼓励和赞赏。美国基础教育的合作理念和教学模式能够在实践层面取得了举世瞩目的成就，正是因为他们善于通过师生互动、生生互动，充分调动教学中的动态因素，从而极大地激发了师生的潜能，最大程度地满足不同学生的需求。

分组讨论是我重点观察的一个环节，学生们的集体智慧在碰撞中发出火

花，形成统一的认识就是答案，而得到老师的肯定后，小组的同学都会激动地欢呼，这种包容合作的师生关系、同学关系难道不值得我们学习吗？支持同班同学、支持自己的团队成员，学会和团队一起承担责任、共同达成愿景，并且善于与别人分享自己的成功和喜悦，也善于为别人的成功、团队的成功而喝彩，这样的孩子阳光、大气。

美国学校教育对合作精神十分重视，并且这种合作落实在生活的点点滴滴，让合作在潜移默化中形成一种习惯，并升华为一种文化，而不是空洞的、高大上的道德说教，这确实值得我们深思和学习。

（三）激励鼓励，激发学生的成功欲

每个人都很渴望成功，学生更是如此，激励鼓励，准确输入正能量，是一种行之有效的措施。

走进美国学校课堂时，学生的个性张扬首先从个人的着装打扮上就已经充分展现出来，他们极具个性化的服装和发型，足以证明美式教育对学生爱好和兴趣的尊重。陪同的学校老师说："他们的成长几乎没有受到外来的压逼。"当然，没有压逼的学生太自主了，也可能长歪了。但是，对个性和自由的尊重是对孩子的最大鼓励，也是最根本的鼓励。教室墙壁上贴满学生自己的作品，学生们能互相欣赏作品，为自己骄傲，而不是只能看到别人的"好作品"。因此美国的教室看起来都是五颜六色的，每个教室既体现了老师的性格，也张扬了师生的个性。

每个孩子都拥有平等的交流和竞争平台，他们争先恐后，非常踊跃地表达自己的思想和心得。在家长和教师的鼓励引导下，美国学生大都有种初生牛犊不怕虎的冒险精神，这种精神又使他们敢于挑战权威。美国的课堂开放民主，允许学生犯错，鼓励怀疑、批判和挑战，让学生有话想说、有话敢说。学生可以随时打断老师的讲话，提出自己的疑问，表达自己的观点，师生常常由此引发激烈的讨论乃至争论，在思想碰撞中不断靠近真理。

在中国大家会感到困惑：美国教师对每一个学生的提问、回答，甚至挑战，即使有一些很幼稚、无厘头，但教师们总是 Ok！ Yes！ Good！ Right！ Thank you！美国的文化就是这样，多肯定，多欣赏！美国孩子从小接受这种

教育和文化，不断得到鼓励，形成了自信、乐观、热情、爱表现的个性，个性张扬更使美国学生不墨守成规，好奇心强，喜欢冒险，富于创造性，这却是不争的事实。

每一个人在心理上都有获得肯定与赞赏的需要，如果一个孩子感到自己是被别人赏识的，自己对别人来说是重要的、有意义的，那么他就会自然而然地产生愉悦的、自我肯定的感觉。孩子心智发育尚不成熟，常常根据别人对自己的评价，尤其是父母和老师的评价来给自己定位。如果他经常受到表扬，他的心里就充满了自豪和自信，觉得自己很优秀、很特别。相反，如果孩子平时听到的都是训斥、挑剔、责备甚至挖苦，一个小小的过错就被家长抓住不放，没完没了地进行批评，他就会觉得自己很失败，什么都做不好，他就会否定自己的能力，产生自卑心理，进而失去对学习和生活的热情。

因此，正确的鼓励，适时的激励，让孩子充满正能量，他的成功欲望就会越高涨，迈向成功的起点也更高。

（四）减压加压，激发学生的兴趣欲

1887年，英国传教士李提摩太向李鸿章建议：中国要走向强盛之路，必先振兴教育。李鸿章问需要多少投入，李提摩太说需要100万两白银。李鸿章说政府承受不起一笔如此大的开支，李提摩太说这是"种子钱"，日后必有百倍的收益。李鸿章问日后指多久，李提摩太回答20年。李鸿章说20年太久，我们等不起。"十年树木，百年树人"，教育慢工细活，是等待的艺术，出成绩绝非一朝一夕之事，而现在不少领导和民众大多用"李鸿章式思维"，急于出成绩，要求教育能够产生立竿见影的效果——这些压力，最终都要由学生来承受。

教育质量是判断一所学校的成就的根本，但教育质量的体现并不能立竿见影，于是我们习惯采用教学质量去评判，而教学质量的高低往往以成绩的优劣作为评判标准，成绩的优劣又往往通过升学率来判断，进而以偏概全地衡量一所学校办学水平的高低。这种只看结果不看过程的评价方式，把高难度、高复杂度的教育工作，简单粗暴地采用经济领域的"投入—产出"来衡量。为得到最大的产出，只能对孩子不断施压。虽然说压力在一定条件下可以变成动力，但当压力已经令人难以承受，并且其中很大一部分是不科学、不必要时，我

们有必要释放强加给孩子的不科学压力。有学者提出，学校和社会都应该转变观念，追求"绿色升学率"，即学校在获得高升学率的同时，更重要的是发现学生的兴趣，激发学生的潜能，促进其全面发展和可持续发展。

古罗马教育家昆体良曾指出："教学要能培植各人的天赋特长，要沿着学生的自然倾向最有效地发展他的能力。"在美国大西洋大学附中按照4+4的模式组织实施教学，须特别说明的是，高中生往往只有九年级（高一级）的学生，十到十二年级的学生很多都在大学选修学分了。学生在九年级受到密集的训练，以便第二年就可以到大学选修课程了，学生在高中可以修得很多大学学分，有的甚至修满大学学分，在高中毕业时已经拿到大学文凭，他们更渴望到科研所去。美国义务教育阶段的学生，他们也不会限制学生，发现有能力超强的学生，也会尽快让他们选修高年级的课程。学校提供了很多的双修课程给学生学习，学生完成的课程学分大学是承认的。他们的努力是发自内心的，因为是自己的爱好、自己的选择。

改变狭隘的教育观，改掉单纯以分数来衡量孩子的学业，教学生学会生存、学会学习、学会生活，才能成为一个幸福的人、一个有价值的人。所以，在教育教学过程中，我们要从关注学生人格健全、关注学生良好的心理品质和行为习惯、关注学生学习兴趣和欲望出发，为他们创造成才的环境，培养他们的兴趣，静静地陪伴和等待他们成长、开花、结果。

（五）体育锻炼，激发学生的生命欲

"生命在于运动"，体育锻炼是促进学生身心发育和增强体质的最重要因素之一。毛泽东同志曾经说过年轻人要"文明其精神，野蛮其体魄"。他还说："体育于吾人实占第一之位置。体强壮而后学问道德之进修勇而收效远。"

身体是革命的本钱，拥有强健的体魄是进行其他工作的前提。如何培养学生热爱生命的欲望，一定要从加强体育锻炼开始。帮助学生树立正确的运动观，培养良好的体育训练习惯要从体育课、眼保健操、大课间、每天活动一小时等学校教育全面展开，再辅以比赛竞赛、特长训练等，从而使学生在教育中将运动转化成自己的习惯，影响他的人生。

同时，学校要多创造环境，因地制宜，加强体育锻炼的宣传和场地的建设，

做到体育锻炼无处不在，营造学校体育为人人、人人热爱体育的校园运动氛围，体育课堂要准确传授体育锻炼的科学练习方法和安全教育等，让师生在教与学中共同践行体育的乐趣。

（六）提供平台，激发学生的创造欲

在美国，学校是师生学习的地方，更是师生成长的平台。它强调有助于发展受教育者个性和创造性的教育方法，注重通过给学生提供平台促进学生个性化的培养。美国孩子每天放学时间比较早，8：00上课，14：00放学，放学后学校会提供各种各样的校外的辅导课程，有艺术类的、科学类的、法律类的、环保类的、体育类的等，各学校会结合自己学校的特色开设不一样的课程，家长帮助孩子一起选择孩子的课程并付费让孩子参加，让孩子在第二课堂的学习中找到自己感兴趣的平台和自身的发展点。

学生的第二课堂被看作是美国教育内容的组成部分，课外活动多种多样，估计不下四五十种，可分为学术性、娱乐性、体育活动和社区活动。美国各学校把第二课堂作为帮助学生增长才干、适应社会人生的重要措施，经常进行考核，认为从中可以看出学生的竞争心理、责任感、领导能力和人际关系。各大学竞相录取学科成绩优良而课外活动表现突出的学生。如何在第一课堂夯实基础，第二课堂实现提高，这是我们在推进新课改过程需要充分思考的问题。

人的潜能是巨大的，但如果人的潜能没有被激发出来，大多数人就可能被埋没，潜能只有被激发出来才叫"实力"，潜能与实力之间横亘着一道巨大的阶梯叫"行动力"，学校教育要力争成为行动力的原动力，综合激发学校行政班子、教师、家长、学生的潜能，赋予学校持续发展的不竭动力，为社会培养更多符合新时代要求的有用的新型人才。

广东省教育科学研究课题
"粤东地区农村普通高中教师
专业发展潜能激发的行动研究"
开题报告

一、开题活动简况

2017年6月24日上午（星期六），在我校图书馆一楼多功能会议室隆重举行了广东省教育科学研究课题"粤东地区农村普通高中教师专业发展潜能激发的行动研究"（课题编号：2017YQJK287）开题报告会。出席会议的有李绪强（揭阳市教育局教研室主任、教育家、中学语文正高级教师）、林明（梅州市曾宪梓中学教科室主任、特级教师）、陈怀深（揭东区教育局党组成员、副局长）、李永成（揭阳市教育局教研室副主任、中学化学高级教师）、洪少有（揭东区教育局教研室副主任）、李永亮（蓝田中学校长、特级教师、课题负责人）、课题组成员、学校行政班子成员、各级课题主持人（包括已结题和正在开展的课题）。

在听完开题报告后，林明、李永成、洪少有等专家顾问对课题开题报告进行审核评议，认为该报告具有完整性、创新性和可操作性，课题所选领域尚属处女地，研究目标明确，研究思路清晰，方法切实可行，成员分工明确，各项保障有力。同时，专家们就课题的实施方法、内容、安排和策略等分别

开题报告会现场

发表自己的看法，并对研究中可能存在的困难和问题进行指导。随后，陈怀深副局长和李绪强主任分别代表揭东区教育局和揭阳市教育局发表了讲话，对课题研究寄予厚望，并预祝课题研究取得预期效果。最后，与会专家就课题组成员提出的问题进行详细的解答。

二、开题报告要点

（一）课题名称

粤东地区农村普通高中教师专业发展潜能激发的行动研究

（二）研究背景

1. 从国家的层面看

百年大计，教育为本；教育大计，教师为本。2010 年 5 月，《国家中长期教育改革和发展规划纲要（2010—2020 年）》提出："严格教师资源，提升教师素质，努力造就一支师德高尚、业务精湛、结构合理、充满活力的高素质专业化教师队伍。创造有利条件，鼓励教师和校长在实践中大胆探索，创新教育思想、教育模式和教育方法，形成教学特色和办学风格，造就一批教育家，倡导教育家办学。"《纲要》对广大教师提出了更新、更高、更严的要求，为此，教师专业发展成为教育关注的焦点。同时，有学者把生态化理念引入教师专业发展领域，给我们带来了全新的视域，为教师专业发展研究提供了广阔的天地。

当前，中国教育的问题重点、难点在农村，短板也在农村。为了实现中华民族的伟大复兴，实现"中国梦"，必须补齐短板，解决中国教育的重难点。习近平总书记2014年9月9日在北京师范大学发表重要讲话，就新时期加强教师队伍建设提出明确要求，指出教育短板在西部地区、农村地区，在老少边穷岛地区，要制定切实可行的政策措施，鼓励有志青年到农村、到边远地区为国家教育事业建功立业。李克强总理则强调，促进教育公平、提高教育质量，需要更多优秀人才长期从教，特别是到农村、边远贫困地区从教，使他们成为孩子们知识的授予者、人生的引路者、文明的传承者、道德的示范者。刘延东副总理对加强乡村教师队伍建设也提出明确要求。2015年6月，经国家教改领导小组和中央深改组审议，国务院办公厅印发了《乡村教师支持计划（2015—2020年）》……党和国家领导人的密集表态，重大利好政策的出台，标志着农村教育迎来了发展的春天。

2014年9月，国务院颁布高考改革实施意见，随后，上海和浙江作为首批试点省市，宣布启动高考改革。2015年，国家颁布的部分高考改革开始实施。新一轮教育改革的战鼓已经擂响，我们迎来了历史性的发展新机遇，同时也迎来了前所未有的巨大挑战。

2. 从广东省的层面看

广东是全国的发达省份，但是广东省内的发展（包括教育）也极不平衡。党的十八大之后，习总书记第一站调研到了改革开放的前沿地带广东，他在考察工作期间，赋予广东一个重大的使命，就是要实现"三个定位、两个率先"。这"两个率先"，一个是全国率先全面建成小康社会，一个

是在全国率先基本实现社会主义现代化。这"两个率先"就是广东当好排头兵新的历史使命，但要完成这"两个率先"，难点和关键点都在粤东西北地区。

2013 年 2 月，《广东省人民政府关于推进我省教育"创强争先建高地"的意见》出台，《意见》提出要求，到 2016 年，实现"广东省教育强县（市、区）"和"广东省教育强市"覆盖率均达 85% 以上，珠三角地区实现"广东省推进教育现代化先进县（市、区）"和"广东省推进教育现代化先进市"覆盖率均达 85% 以上；户籍人口高等教育毛入学率达到 36% 以上，人才培养数量和质量、自主创新能力和社会服务能力明显提升。到 2020 年，实现"广东省教育强县（市、区）"和"广东省教育强市"全省全覆盖，"广东省推进教育现代化先进县（市、区）"覆盖率达 85% 以上；户籍人口高等教育毛入学率达到 50% 以上，高等教育质量水平显著提高，自主创新能力和社会服务能力显著增强；形成以珠三角地区为核心，粤港澳紧密融合，教育现代化、国际化发展水平高，在国内有较大影响力的南方教育高地。我们用"创强争先建高地"这三个工程来迎接新一轮教育改革，接受挑战，拥抱机遇，目前，教育"创强争先建高地"已取得显著成效。

2013 年 7 月，广东省委、省政府出台了《关于进一步促进粤东西北地区振兴发展的决定》，粤东西北地区迎来了跨越发展的新时代。实现粤东西北地区振兴发展，必须以教育为先导，以人才为支撑。"十三五"时期，粤东西北地区面临加快经济转型升级的艰巨任务，经济发展动力急需从主要依靠资源和低成本劳动力等要素投入转向创新驱动。以创新驱动为核心的发展方式，急需通过教育提供高素质劳动者和具有创新精神与能力的专门人才作支撑。为此，我们坚信，粤东西北地区的教育也将紧跟发展的大潮取得长足的进展。

2017 年 1 月，《广东省教育发展"十三五"规划（2016—2020 年）》出台，《规划》提出，实施优质普通高中再提升计划，引导市一级普通高中提升办学水平，使珠三角、粤东西北地区省一级以上普通高中分别达到 80%、60% 以上。全面推行优质普通高中招生名额直接分配制度，分配比例不低于 50%，全面取消公办普通高中招收择校生。从 2016 年开始，广东考试招生制度单项改革陆续启动，2018年启动高考综合改革，2021年高考实行新的高考综合改革方案。未来，广东还将建立普通高中课程改革基地，开展创新拔尖后备人才培养试验，拓宽普通高中学生全面而有个性的自主发展渠道。到2018年，广东省推进教育现代化先进县（市、区）覆盖率达到85%；到2020年，实现广东省推进教育现代化先进县（市、区）、先进市全覆盖。同时，《规划》也指出，我省基本公共教育服务仍存在短板和薄弱环节，城乡、区域、校际差距的问题仍未有效解决。珠三角地区与粤东西北地区教育发展不平衡现象比较突出，粤东西北地区教育发展水平与现代化要求差距比较明显。教师队伍建设与教育事业发展和人才培养的要求还不相适应，教师资源在区域、城乡、校际、学科之间配置不均衡，教师管理制度有待进一步完善。

综上所述，"十三五"是我国全面建成小康社会的关键时期，为深入贯彻教育优先发展战略，加快推进教育现代化建设，打造南方教育高地，助推我省"三个定位、两个率先"目标的实现，粤东西北的教育一定要迎头赶上。教育大计，教师为本，所以，粤东地区农村普通高中的教师专业发展在这个大背景下将会迎来历史性的契机。

3. 从粤东的层面看

当前，粤东地区（包括汕头、潮州、揭阳和汕尾）农村普通高中是区域性教师队伍的重要组成部分。近年来，地方党政在稳定和扩大规模、提高待遇水平、加强培养培训等方面采取了一系列有效举措，粤东地区农村普通高中教师队伍面貌发生了巨大变化，教育教学质量得到了显著提高。但是，随着新一轮教育改革的不断深化，教师专业成长的问题日益凸显，不仅许多根深蒂固的问题没有彻底解决、新问题在新的形势下还在不断地产生。

课题组经过长期、深入的调查研究，发现当前粤东地区农村普通高中教师专业发展的主要特征有：教师整体学历质量偏低，理论素养不高，学术氛围不浓厚；接受先进理念的系统培训机会偏少；到先进地区教育考察学习交流机会少；教育理念落后，改革创新动力低；因为理想与现实的落差太大，教师的自信心和进取心往往备受打击；职业目标模糊，工作积极性普遍不高；职业倦怠在不同程度上大面积存在；所生存的环境普遍经济落后、信息闭塞；

等等。如何破解这些难题，成为摆在我们面前的课题。

4. 从我校的层面看

蓝田中学是一所公立全日制农村普通高中，近十几年来，蓝田中学完成了历史上第四次建校，实现由小到大、由弱到强的嬗变。但是，长期持续高速发展的蓝田中学也遇到新的难题：如何把大量年轻教师凝聚成专业发展共同体，如何打造学校新的发展极，如何给教师提供专业发展的平台，如何带动学校教研活动朝纵深发展，以应对新一轮教育改革和揭东区域调整的影响，在"前有狼后有虎"的环境中保持已经取得的优势地位，等等，迫切需要我们在教师专业发展上取得新的突破。

本课题是基于我校教师专业发展，视角延伸到粤东地区其他农村中学所进行的研究。为了保障学校的可持续发展，为我校广大教师营造良好的专业发展生态，激发他们的潜能，使他们努力工作、幸福生活，我们将致力于开展粤东地区农村普通高中教师专业发展潜能激发的行动研究。同时，我们希望能起到抛砖引玉的作用，并能够充分运用研究成果，为广东建设教育强省、率先实现教育现代化、打造南方教育高地贡献绵薄之力。

（三）主要研究内容

本课题以揭阳市揭东区蓝田中学为研究基点，视角延伸到整个粤东地区农村普通高中教师的专业发展现状，揭示其存在的问题，分析问题产生的原因；探讨如何通过优化发展生态（客观生态及主观生态），探索农村普通高中教师成长新的发展道路，激发农村教师的潜能，同时尝试建立潜能激发的评估体系，最终实现形成教师生态型自主发展机制的目标，实现农村普通高中教师专业发展的可持续性，提高其职业幸福感；用新的研究成果冲击揭阳乃至粤东农村教育的固有思想，力争为广东建设教育强省、率先实现教育现代化、打造南方教育高地做出微薄贡献。

本研究拟突破的重点：教育的最终目的是激活人的最大潜能，激发潜能的前提是优化发展生态。因此，本研究拟突破的重点是如何结合粤东农村实际，优化农村教师专业发展的生态；如何激发出农村教师的潜能，使他们安教、乐教、善教。

拟解决的关键问题：实现教师专业化发展最根本的是内因，而局限当前农村教师专业化发展的最大内因是职业倦怠。因此，本研究拟解决的关键问题是如何克服职业倦怠，使教师对未来充满希望，对职业充满热爱，对发展充满渴望，在岗位上幸福愉悦地工作。

基本概念阐述如下：

1. 粤东地区农村。指广东省东部地区（包括汕头、潮州、揭阳和汕尾4个以潮汕话为主要方言的地级市，也是广义的"潮汕地区"）经济社会和教育发展水平比较落后的乡（镇）和村等行政区域，不包括政治、经济、文化居于中心地位的县城。为研究需要，数据主要采自汕头、潮州和揭阳三市，同时兼顾汕尾市。汕头、潮州、揭阳和汕尾整体上地域相通、文化相融、风俗相近，有着共同的价值取向和社会心理认同感，形成了潮汕特殊的地缘政治、经济、文化关系，具有高度的共融性和内聚性，这为粤东区域性农村普通高中教师专业发展研究提供了可能性。

2. 教师专业发展生态。"生态"原指一切生物的生存状态，以及它们之间和它与环境之间环环相扣的关系。本研究借用"生态"一词，用以阐明教师在专业发展过程中的环境。教师专业发展的生态是以教师的发展为中心，并对其发展产生控制或影响作用的多维空间和多元环境。教师的发展与其生态环境间存在着一种相互推动与制约的作用，二者进行物质、能量、信息等交换，使教师发展生态系统得以保持结构和功能的相对稳定。

3. 教师潜能。根据《辞海》一书解释，"潜能"一词是同"现实"相对的，是古希腊亚里士多德用语。按照亚里士多德的观点，潜能指"可能性的存在"。目前普遍认为，潜能就是潜在的能量，常指人类原本具有却没有被开发的能力，并且每个人的潜能是无限的。教师潜能指教师从事教育事业所蕴藏的一种潜在的能力，是没有外显化、实际化的能力，包括智力潜能、非智力潜能、专业发展潜能、教学潜能、班主任潜能等。

（四）研究的方法和技术路线

1. 研究方法

（1）文献研究法。广泛查阅国内外的相关文献、收集相关信息，并结

合实际制订研究方案。

（2）调查研究法。通过走访交流、问卷调查，了解教师、学生、家长以及社会各界对教师职业发展现状的看法和建议。

（3）理论分析法。在归纳整理各种资料的基础上，对相关问题进行定性的理论分析。

（4）行动研究法。对研究过程中出现的新情况、新问题，不断采取新措施进行修正和完善，逐渐形成较为系统、完善并且有效的实施方法。

（5）经验总结法。在研究过程中注重积累第一手资料，不断进行分析、概括和归纳，最终提炼出切实可行的研究成果。

2. 技术路线

（1）研究思路

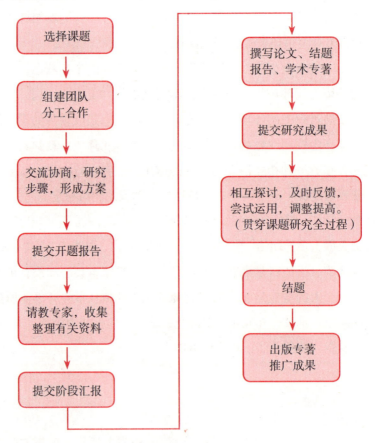

（2）研究路线

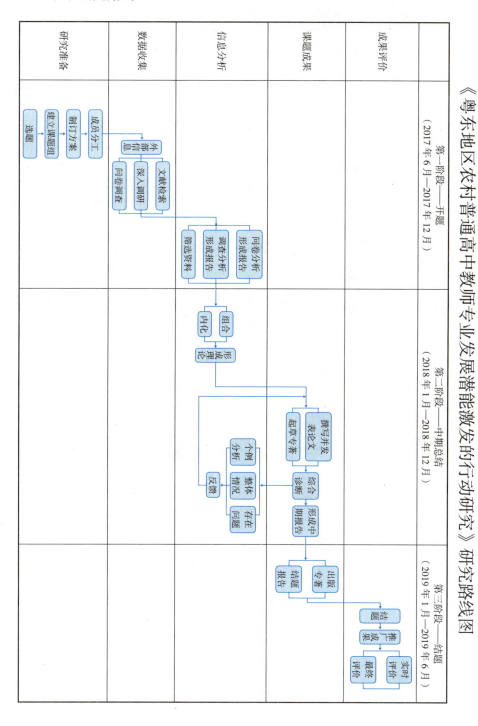

《粤东地区农村普通高中教师专业发展潜能激发的行动研究》研究路线图

	第一阶段——开题 （2017年6月—2017年12月）	第二阶段——中期总结 （2018年1月—2018年12月）	第三阶段——结题 （2019年1月—2019年6月）
成果评价			
课题成果			
信息分析			
数据收集			
研究准备			

（五）组织分工

1. 本课题聘请如下专家为指导顾问团队成员：

林明（梅州市曾宪梓中学特级教师）、李永成（揭阳市教育局教研室副主任）、洪少有（揭东区教育局教研室副主任）

2. 本课题主要参与者及分工如下：

姓名	职称	项目分工	工作单位
李永亮	高级（特级教师）	主持人 创作课题专著 完成开题报告、中期报告、结题报告	揭阳市揭东区蓝田中学
林武忠	中级	深入采访李永亮校长并初步整理李永亮校长的相关论述，供专著撰写所用，项目设计协调，设计问卷调查表及访谈提纲，完成主持人交给的各项任务。	揭阳市揭东区蓝田中学
陈旭坤	高级	指导教师论文写作，在采访李永亮校长的基础上，整理"第五章 教师潜能被激发程度的评估"有关内容	揭阳市揭东区蓝田中学
倪志鹏	中级	撰写论文，负责问卷调查，撰写详细的问卷调查报告，完成课题组交给的其他工作。	揭阳市揭东区蓝田中学
池创宏	中级	撰写论文，负责访谈工作，撰写访谈报告，撰写"蓝田经验"，完成课题组交给的其他工作	揭阳市揭东区蓝田中学
黄文希	初级	撰写论文，协助创宏副主任做好访谈工作	揭阳市揭东区蓝田中学
许界平	中级	撰写论文，录入、编辑、排版等电脑工作；协助问卷调查组完成问卷调查的统计工作	揭阳市揭东区蓝田中学
黄敏华	中级	撰写论文，协助问卷调查组做好统计分析工作，完成课题组交给的其他工作	揭阳市揭东区蓝田中学
罗纯锐	初级	撰写论文，协助问卷调查组完成问卷调查的统计工作及初步分析、图表绘制等，完成课题组交给的其他工作	揭阳市揭东区蓝田中学
杨海洋	中级	撰写论文，协助访谈组做好访谈工作；完成课题组交给的其他工作	揭阳市揭东区蓝田中学
黄纯燕	初级	撰写论文，收集资料，校对专著，完成课题组交给的其他工作	揭阳市揭东区蓝田中学

续表

姓名	职称	项目分工	工作单位
蔡少庞	高级	撰写论文，协助问卷调查组做好统计分析工作，完成课题组交给的其他工作	揭阳市揭东区蓝田中学
陈晓庆	中级	撰写论文，协助访谈组做好访谈工作，完成课题组交给的其他工作	揭阳市揭东区蓝田中学
杨哲华	中级	撰写论文，协助问卷调查组做好统计分析工作，完成课题组交给的其他工作	揭阳市揭东区蓝田中学
潘晓苑	初级	撰写论文，协助访谈组做好访谈工作，完成课题组交给的其他工作	揭阳市揭东区蓝田中学
张佳娜	初级	撰写论文，协助完成问卷调查的统计工作，完成课题组交给的其他工作	揭阳市揭东区蓝田中学

（六）进度安排

1. 进度及目标

本课题研究期限为2年，拟从2017年6月至2019年6月，分三个阶段进行。

（1）准备阶段（2017年6月—2017年12月）

在省、市、区专家的指导下，做好课题的开题工作。课题负责人对参与研究的全体成员进行理论培训，通过系统的学习，使课题组成员对课题的指导思想和精神实质有较深刻、较全面的认识，并做好全面的设计工作。收集相关的文献资料和信息，学习与课题研究有关的理论知识。通过走访交流、问卷调查，了解粤东地区农村普通高中教师专业化发展的现状和基本情况，分析存在问题，听取社会各界对教师职业发展现状的看法和建议。

（2）实施阶段（2018年1月—2018年12月）

通过全面研究、请专家诊断等，提出更具操作性和高效性的粤东地区农村普通高中教师专业化培训模式和成长策略，形成各具特色的发展模式，搭建教师发展平台，开发一批服务教师发展的教育教学资源，为学校建立一支理念先进、开拓进取、创新发展、精通业务的教师队伍，办人民满意教育。具体做好以下工作：一是开展个案研究工作，及时记录教师的表现、点滴进步，并形成数据分析表。二是及时表扬和奖励有良好进步表现的教师，撰写案例分析和教师成长故事等。三是及时进行阶段性总结，撰写初期研究报告、

中期研究报告、完成专著初稿，并为出版做好充分准备。

（3）总结阶段（2019年1月—2019年6月）

对研究的整体情况、资料及不同层面教师的具体材料进行分析、整理与综合，形成课题研究报告书，并公开出版学术专著。组织结题鉴定，推广研究成果。

总目标：本课题以揭阳市揭东区蓝田中学为研究基点，视角延伸到整个粤东地区农村普通高中教师的专业发展现状，揭示其存在的问题，分析问题产生的原因；探讨如何通过优化发展生态（客观生态及主观生态），探索农村普通高中教师成长新的发展道路，激发农村教师的潜能，同时尝试建立潜能激发的评估体系，最终实现形成教师生态型自主发展机制的目标，实现农村普通高中教师专业发展的可持续性，提高其职业幸福感；用新的研究成果冲击揭阳乃至粤东农村教育的固有思想，力争为广东建设教育强省、率先实现教育现代化、打造南方教育高地做出微薄贡献。

2. 拟解决的关键问题

实现教师专业化发展最根本的是内因，而局限当前农村教师专业化发展的最大内因是职业倦怠。因此，本研究拟解决的关键问题是如何克服职业倦怠，使教师对未来充满希望，对职业充满热爱，对发展充满渴望，在岗位上幸福地工作。

3. 主要创新之处

（1）理论创新

从全球的角度看，我国的教师专业发展研究尚处于起步阶段，还未形成系统的、公允的理论；外国的相关研究成果被我们借鉴后，出现不少"水土不服"的状况，本土化的教师专业发展是必然的选择，这一领域还大有可为。同时，区域性的教师专业发展研究更为薄弱，而区域性农村教师的专业发展研究则存在大片的视角空白。

教育生态学兴起之后，它有机结合多门学科，产生优势互补，超越了单一学科思维方式的局限，对教育现象和问题进行了综合研究，体现了跨学科研究方法运用的趋势，提供了科学的思维方法。但目前教育生态学尚未形成统一、科学的体系，教育生态学与区域性农村教师专业发展研究的结合也少有人涉及。事实上，对教师的专业发展，必须将其放在特定的文化生态的背景中加以认识和对待。

在教育生态化的视角下，结合农村教师及教师专业发展理论，进行区域性研究，特别是针对粤东农村地区的研究，经检索尚无文献资料。因此，本研究具有创新性。同时，本研究尝试对教师专业发展生态进行了系统性的构建，对系统内各个要素进行了详细的探讨，这也是目前鲜有人涉足的，从这方面讲，本研究在理论上具有创新意义，在视角的选择上也具有独特性。我们以粤东地区农村普通高中教师为研究对象，还能弥补已有研究范围过大、独特性不突出的缺陷。

我们创造性地把教师专业发展生态化划分为客观生态（客观生态又分为学校要素、政府要素和社会要素）和主观生态两个方面，深入阐述这两个方面对粤东地区农村普通高中教师专业发展生态化建设的影响，并据此有的放矢地提出具有行动意义和实践价值的解决或改善的策略。

近年来国家努力推行城乡一体化，解决"三农"问题，推动城乡教育均衡发展，使农村与城市的差距进一步缩小，人们的平等意识逐渐增强，对优质教育更加期盼。因此，该课题的研究对当前我省建设教育强省、率先实现教育现代化、打造南方教育高地具有重要意义。

（2）实践创新

课题组投入了大量的时间精力，获取了大量的第一手数据，并通过科学的分析，在生态化视角下，尝试性提出了粤东地区农村普通高中教师专业发展存在的问题，并根据教育学、生态学、管理学等有关理论，提出具体的、有针对性的解决或改善的策略。

本课题的研究以粤东地区的农村普通高中蓝田中学作为长期的实验基地，这是大多数研究所不能具备的条件。课题主持人是该校的校长，课题组成员都是学校的骨干人员——整个课题组都对学校有着深厚的感情，对学校有着深刻的了解，同时由于长期扎根农村，他们对这个区域的农村高中教育有着深入的了解。也由于课题组成员几乎都是潮汕人（只有一位成员是外省籍的），因此他们对这片土地上的文化也有切身的体会。我们有条件进行长期的、深入的研究。教师潜能是否受到激发？激发到什么程度？我们将尝试

建立一个具有可操作性的评估体系，助力教师生态型自主发展机制的形成。

总的来说，这个课题组的研究是有着深厚的根基的，我们提出的每一个建议意见，都是经得起实践检验的。

（七）经费分配（省下拨课题经费2万元，学校自筹经费5万元，共7万元）

预算科目	支技经费	备注（计算依据与说明）
图书资料费	0.3万元	用于购买或借阅图书资料
调研差旅费	0.5万元	用于外出考察、访谈等
计算机机时费及其辅助设备购置和使用费	0.1万元	用于辅助设备购置，如专用移动硬盘
购置文具费	0.1万元	用于购置纸、笔、档案盒等办公文具
小型会议费	0.2万元	用于会议茶水等
咨询费	0.3万元	用于专家咨询，网络咨询等
印刷费	5万元	用于研究成果印刷
复印费	0.1万元	用于资料复印
成果打印费	0.2万元	用于资料打印
其他	0.2万元	用于其他不可预算的零散费用
合计	7万元	
与本项目有关的其他经费来源	其他计划资助经费	5万元
	其他经费资助	一万元
	其他经费合计	5万元

（八）预期成果

1. 论文：在正式刊物上发表论文若干篇。

2. 问卷调查报告和访谈报告各1篇。

3. 研究报告。

揭东区蓝田中学省级立项
课题开题搭平台激潜能促发展

本报讯（记者林旗华　林文君　通讯员林武忠）

日前，经广东省教育厅批准立项的《粤东地区农村普通高中教师专业发展潜能激发的行动研究》课题在蓝田中学开题，吸引了揭阳市、梅州市的教研专家前来参加开题活动。在创建省级"推进教育现代化先进区"的大背景下，揭东区蓝田中学先行先试，不断革新办学思路，积极为全校师生搭建各类平台，激发师生潜能，大胆创新，用特色教育的良好成效助推农村普通高中迈向现代化办学。

据介绍，该课题由广东省特级教师、广东省新一轮中小学"百千万人才培养工程"名校长培养对象、蓝田中学校长李永亮主持，该省级课题的顺利开题，是该校近年来推行"以课题研究成为提升教学教研重要抓手"的又一新成果。课题以揭东区蓝田中学为研究基点，立足蓝田，走出蓝田，面向粤东农村高中。希望通过课题研究，激发教师的潜能，同时尝试建立潜能激发的评估体系，最终实现形成教师生态型自主发展机制的目标，努力探索农村普通高中教师成长新的发展道路。

据了解，研究如何激发教师潜能，是蓝田中学近年来在推动农村普通高中特色发展的一个重要尝试。学校明确了"教育的最终目的是激发人的最大潜能"的办学思路，希望通过激发学校行政班子、教师、家长、学生四方面的潜能，使农村普通高中能够实现蜕变，实现成人、成才、成功的教育教学

目标，帮助学生在高考中突围而出，考上心仪的学校。为此，学校千方百计创设各类平台，让教师充分展示才华，积极向现代化教育接轨，谋求先进教育理念来实施教学。经过一年多的尝试，成效明显。2016 年，学校有 1 人被广东省人民政府授予特级教师，1 人被评为揭东区第三届名教师；有 2 个省级课题获立项，2 个区级课题通过结题验收，3 个区级课题获立项；参加第四届全国微课比赛共 7 人获奖，1 人获得一等奖；参加"粤东首届微课比赛"共 13 人次获奖，获一等奖 2 名；参加揭东区优质课例或班主任能力比赛获一等奖 1 名、二等奖 2 名。

在激发学生潜能方面，蓝田中学也是颇下功夫。针对农村学生的实际，学校开设创新班，配备优质师资有针对性地开展教育教学，同时还开设美术、体育、传媒等特色班级，使学生能够根据自己的兴趣爱好选择学习，从而有更多的机会成才。这种创新做法，使不少学生尝到收获的甜头。学校的足球队创立不足两年，就夺得全市中学生足球比赛冠军，并代表揭阳市参加 2016 年"省长杯"总决赛，今年也将再一次代表我市参加 2017 年"省长杯"的比赛。而在近几年的高考中，蓝田中学更是每年都有学生考上一本。今年高考，该校成绩再上新台阶。累累硕果，正是蓝田中学立足学校实际，多元特色发展的见证。

（摘自《揭阳日报》2017 年 6 月 29 日第 8 版）

第二辑

实践探究

揭东蓝田中学五年事业发展规划

（2011—2016）

第一部分：学校办学现状分析

一、基本状况

揭东蓝田中学位于新亨镇，学校前身是蓝田书庄，于公元 1149 年由宋兵部侍中郑国翰（揭阳蓝田人）创办，为潮汕地区最早创办的书院，至今已有 800 多年的历史。学校于 2004 年 8 月经揭东教育局督导室验收评估，授牌为揭东一级学校。2006 年，随着学校办学规模的不断扩大，在县、镇党委、政府的高度重视和各界乡贤、热心人士的鼎力支持下，蓝田中学在新亨镇硕和村 206 国道旁易地新建，新校占地 86710 平方米，现已投入资金 8000 多万元，建成教学楼 3 幢、图书馆 1 幢、宿舍楼 2 幢、食堂 1 座，建筑面积总共 35278 平方米。学校现有教学班 45 个，学生总数达 3218 人，全校共有教职工 183 人。近几年来，随着学校事业的蓬勃发展，学校秉承"继承创新，兴教育才"的办学理念，提出"扎实基础，凸显特色，创建高质量、有特色、现代化的广东省一级学校"的办学目标，以"三个面向""三个代表"重要思想和"科学发展观"为指导，全面贯彻落实党的教育方针，积极推进素质教育。坚持依法治校，规范办学，科研兴校，教育教学质量稳步上升，办学成绩显著。2002—2011 年高考连续十年获全县普通中学第一名，近 3 年来，学生参加各项竞赛并获奖 85 项。参加各项学术交流、评比并获奖 58 项，其中论文发表在市级以上刊物 15 篇，参加学术年会交流获奖 21 项，参加优秀课例评比获奖 10 项，辅导学生参赛获奖 11 项。学校多次被揭阳市教育局授予"高考成绩优异"奖，多次被揭阳市委、揭东委评为"先进基层党组织""固本强基先进基层党组织""教育工作先进单位""文明单位"等，学校团委被共青团揭东委员会授予"五四红旗团委"称号，2010 年 12 月学校被揭阳市总工会评为"先进职工之家"，2011 年 4 月学校团委被共青团揭阳市委员会评为"五四红旗团委"，2011 年 7 月，学校工会被广东省局务公开民主管理联席会议办公室评为"广东省局务公开民主管理先进单位"。办学情况作为全省普通农村中学代表，被收编到广东人民政府发展研究中心、广东省教育厅主编的《和谐与发展》一书中。

二、办学优势

1. 领导重视，政府支持：县委县政府十分重视蓝田中学的建设，把学校建设列入教育工作一项重点工程；县教育局和新亨镇委镇政府的领导都十分关心学校的软硬件建设，为学校的良性发展、可持续发展提供强有力的政治保障。

2. 整体改革，成绩斐然：学校坚持"继承创新、兴教育才"的办学理念，在继承的基础上以改革的精神探索创新发展的路子，并形成了有蓝田中学特色的工作风格。

3. 学校管理，规范高效：学校在加大内部改革的过程中，特别注重以学校内设机构的合理与管理制度的完善为着眼点，并力求科学发展、和谐共处，确保全校工作的协调、有序、规范、高效。

4. 班子团结，合作共赢：学校行政人员年富力强、结构合理、团结协作、文理兼备、理念超前、开拓创新、精于教学、善于管理、务实精干，是一个和谐奋进的领导班子。

5. 队伍建设，成就瞩目：学校历来重视教师队伍建设，特别是近几年来，狠抓教师教育理念的更新和专业水平的提升，通过"名师工程"带动，积极倡导教师参加函授、校本培训，并请专家到校专场诊断，较好地营造和创设了教师队伍建设的良好氛围。近年来，吸引了近百位优秀的师范院校本科毕业生来校任教，为学校今后发展做好了师资储备。

6. 师德纯厚，关爱学生：市场经济条件下，学校教师恪守师德，表现出了纯厚的"蓝田"传统。一是围绕学校总体目标，广大教师表现了难能可贵的奉献精神。二是"温良恭谦让"的传统美德在日常工作、人际交往中使人如沐春风，和谐的人际关系彰显了良好的师德。

7. 办学质量，节节攀升：近年来，学校从德智体美等方面狠抓教育教学改革，重提"向管理要质量""教学质量是学校的生命线"的口号，一切以教育教学质量为目标，高考质量节节攀升，校园文化建设得到巩固，已为社会所公认。

8. 学风浓厚，校风优良：学校生源大部分来自农村，学生原有基础参差不齐，但绝大多数学生都能吃苦耐劳、勤奋好学，浓厚的学风为良好校风的形成奠定了基础。

9. 开放交流，受益匪浅：为更好地适应教育形势的发展，促进学校的可持续发展，学校逐步探索出一条开放交流、引用或利用外力促办学效益的道路，初步形成开放交流机制。每年，学校都要选派骨干教师参加省、市各种学术交流研讨会，到兄弟学校学习，外出学习教师回校进行专题汇报，并在各教研组推广。

10. 关注弱势，爱心无限：学校所在地经济发展不平衡，有许多学生原有基础不错，但家庭条件差。全校本着"办人民满意教育，圆每个学生的学习梦"的宗旨，把目光更多地倾向这些弱势群体，对经济困难的学生给予"减、慢、免"的关爱，这不仅帮助了众多学生渡过难关，也为学校赢得了更多的社会支持。

三、存在问题

1. 有关实验室、多媒体平台、图书阅览室、植物园、地理园等设施设备以及体育场地暂时难以满足教育教学工作和学习生活的需求，按省一级学校的要求，需高起点、高规格认真做好规划和建设工作。

2. 虽然学校管理在制度化、规范化方面取得较大成效，但仍需在办学实践中逐步完善，以达到文化影响学校、文化促进学校、文化保持学校的可持

续发展。

3.学校青年老师居多，教育教学实践经验相对不足，教师专业化水平亟须提高。

4.学校教研工作取得较多的成果，但还需进一步强化校本教研的意识，进一步提高学校教研的水平，进一步扩大学校教研的成果。

5.学校的建设急需政府大力支持，尽快完善、不断完善硬件配套建设。

☀ 第二部分：办学理念和学校事业发展总体目标

一、办学理念

1.指导思想：

坚持以"三个面向""三个代表"和"科学发展观"为指导、全面贯彻落实党的教育方针，积极推进素质教育，依法治校，以德治校，规范办学，管理强校，科研兴校，全面提升学校的教育教学质量，办人民满意教育。

2.办学理念：

"继承创新，兴教育才。"

3.办学思路：

坚持三项建设：校园文化建设，校本教研建设，制度改革建设；
促进三项发展：教师专业化发展，学生个性化发展，学校可持续发展。

二、发展目标

1.奋斗目标：

创建高质量、有特色、现代化的广东省一级学校。

建设信息化、生态化、人文化的校园，构建学习型的教师队伍，给力教师的专业化成长，关注学生的成长轨迹，实现学生、教师、学校的可持续的、全面协调发展，为揭阳的经济、社会发展做出应有的贡献

2.办学规模发展方向：

到2015年，在校学生人数达到3800人，教育教学质量不断提升。

三、分项目标

（一）办学条件

1.学校事业发展规模控制在65个教学班之内，在校学生人数达到3800人。

2.按照省一级学校标准，累计约投资5500万元用于学校的配套建设，基本完善教育教学配套设施。

（1）教学楼A、B、C3幢第一层分别设置为化学、物理、生物实验室，各5间。2011年8月25日前完成配置化学实验室2间、物理实验室2间、生物实验室1间，剩下争取于2012年8月底前完成，预计投资200万元。

（2）图书馆三楼配置软件制作室1间、电子阅览室2间（分教师阅览室和学生阅览室）。软件制作室于2011年12月完成，预计投资40万元。教师、学生电子阅览室于2012年年底前完成，预计投资100万元。五楼配置音乐室2间、美术室2间和校史馆，预计总投资180万元。2011年年底前争取配套音乐室、美术室各1间，校史馆争取在2013年年底前建成。

（3）图书馆一楼设置为文化大厅，2011年年底前完成，预计投资80万元。

（4）建设地理园、植物园，2011年12月底前完成，预计投资30万元。

（5）完善校园、教室文化氛围布置，2011年8月25日前完成，预计投资30万元。

（6）教室配套教学平台，2012年7月前争取配套40%的教室，2016年8月底前全部配套完成，预计投资300万元。

（7）安装校园监控系统，2011年12月底前完成，预计投资60万元。

（8）教室安装安全防护网和防盗门，争取2011年12月底完成，预计投资100万。

（9）完善校园绿化，争取到2011年12月底学校绿化覆盖率达60%，预计投资50万元。新建教师宿舍楼2幢，争取2012年12月底完成，预计投资1000万元。新建综合科技楼一幢，争取2015年12月底完成，预计投资2000万元。新建体育馆一幢，争取2013年12月底完成，预计投资800万元。操场增设塑胶跑道，争取2012年底完成，预计投资600万元。

（10）增加教师办公设备，为教师配套手提电脑，争取到2013年8月底

前为 30%—40% 骨干教师配置，2015 年年底实现全部配置，预计投资 80 万元。

（二）队伍建设

1.关注教师健康，关注教师发展，大力改善教师工作、学习、生活条件，重视教师人文关怀，稳定教师队伍，力争 80% 的教师具备高中三年循环教学经历。

2.启动名师兴校战略，造就一批学者型、专家型人材。按照揭东名教师的基本条件，进一步培养已具有较高业务水平和较显著工作实绩的骨干教师，造就一批具备揭东名教师资格条件，并在揭东具有较强竞争力和较高知名度的教师，力争每个教研组有一位以上县名教师。

3.坚持校本培训，提升教师的专业技能和学养内涵，2011—2012 学年度争取 10% 的教师在省、市教育教学比赛中获奖，25% 以上的教师在县比赛中获奖。从 2013 年起，力争每年教师在省、市、县教育教学比赛获奖的增幅达到 5%。

（三）教育教学质量

1.更新教育教学质量观。进一步树立教育质量就是教育服务质量的全新理念，不断提升学校教育服务的质量，尽最大努力满足学生、家长、社区对优质教育的需求，社区、学生、家长对学校的信任度和满意率要达 85% 以上。

2.高度重视教育教学过程质量的管理和评估，为教育教学终端成果的达成奠定基础。

3.学业水平考试一次性合格率达 98% 以上，二次性合格率达 100%，有 85% 以上的学生至少有两门学科达 C 级以上。

4.力争高考在全县普通中学名列榜首，并在全市高中有较好位次。高考各科平均分在全县普通中学名列前茅，本科上线率不低于全市平均线，专科以上上线率不低于 80%

5.每年有 50 人以上的学生参加各种竞赛活动获县级以上奖励。

（四）学校教科研工作

1.准确定位学校的教科研工作。以解决学校教育教学实践中提出的问题为立足点，以理论与实践的结合为生长点，以行动研究为切入点，消除"教学"与"科研"两张皮现象，做到教学与科研的有机结合。

2.坚持校本教研，把集体备课作为学校教科研的重要课题。加强集体备课的理论研究和实践探索，进一步构建我校集体备课模式和理论框架。

3.加强课题研究，提高学校教科研水平。完成省级课题3个以上，市级课题5个以上，县级课题10个以上。

4.开展群众性的教育科研工作，扩大学校教科研的成果，力争40%以上的教师有研究成果，40%以上教师在省级以上刊物上公开发表论文或在省级以上教育报纸、学会以及其他教科研部门组织的论文评选获一、二、三等奖。

（五）校园文化建设

1.以人为本，完善学校的制度文化。在加强学校制度建设的同时，加速学校的文化转型，实现学校规章制度的人文化。

2.以人的发展为本，建设学校的观念文化。传承学校的优良传统，加强对学生的思想、道德、文明礼仪的教育，弘扬"团结、尊师、求实、创新"的校园精神，与时俱进，不断赋于我校校园精神新的内涵。

3.以育人为本，建设学校的环境文化。以"书香校园，人文校园，和谐校园"为主题，营造人文环境，充实师生的精神文化，丰富学校文化内涵，夯实学校的文化阵地。

（六）学校管理

1.进一步深化学校内部管理体制改革。建立年级组为学校次级管理主体的"事业部"式的管理模式，实现学校管理结构的"扁平化"。

2.建立科学的学校管理运行机制。在用人制度方面，进一步强化竞争机制，积极推进教职工全员聘任制，中层干部竞聘制、岗位责任制等人事制度改革，贯彻实施《教职工绩效考核方案》。

3.进一步建立、健全学校各项规章制度，推动学校管理从集权走向分权，从事本走向人本，从制度约束走向文化认同，并以此为基础建构学校管理有效运作机制。

4.实现管理手段现代化，完善网络环境下的学校管理模式。学校建立、健全网络领导机构，完善校园网络管理制度，形成行政、教育、教学、学籍、学分认定、后勤、人事、图书查询与借阅等方面的信息化管理运行机制，提高学校管理的效益和效率。

5.加强学校制度文化建设，实现学校管理的民主化、人文化。建立"以人为本"的制度文化，促进学校制度建设由"事本"走向"人本"；建立"学

习型、研究型"的制度文化，促进学校的维持型、控制型制度体系，逐步转变为学习型、研究型制度体系；建立"自主式管理"的制度文化，促进外控式管理逐渐走向自主式管理。

（七）素质教育

1.实现"三个优化"，落实德育首要位置。优化德育内容，形成砺志教育、法纪教育、安全教育、珍爱生命教育、远离毒品教育、课堂主渠道和学科渗透等方面的教育系列；优化德育制度，探索并实施德育导师制、建立健全"学生档案袋制度"，实现德育的"人性化""人本化"；优化德育评价，坚持评价主体多元化，坚持在动态管理中实施监控评价，并正确使用评价结果，实现德育评价科学化。

2.科学制订并逐步完善《蓝田中学新课程实施方案》；教师能自主设计课程板块并设定实施方案；根据学校特色和地域文化开发、实施校本课程；帮助学生根据兴趣和特长确定各科选修课程。

3.加强教育教学改革，围绕"自主学习"制订学校课程实施方案。建构以"问题教学法"为核心的"自主学习、自主发展"的课堂教学模式，促进教师教学方式和学生学习方式的转变，使学生能自主发展、全面发展、有个性地发展。

4.在调研、学习的基础上，形成基于学生个性发展的校本课程，以学校校本课程的开发引领学生的个性发展。

5.积极推进学科课程与信息技术的整合，促进教材呈现方式、教师教学方式、学生学习方式、师生互动方式的根本性转变。

6.积极探索评价制度的改革，建立科学、合理的评价体系。教师评价重过程、重理念，学生评价重激励、重发展，课程评价重科学、重实施环节，实现学校、教师、学生共同发展。

四、主要工作及保障措施

（一）主要工作

1.以创建市一级学校工作为杠杆，促进学校办学品位的提升。一是以创建工作全面启动为契机，在"整体规划、分步实施、科学评估、高位达成"的规划思想指导下，把学校办成一所办学特色鲜明、影响力大、辐射面广、示范性强的粤东农村品牌高中；二是抓住创建市一级学校这一历史机遇，加大教育设施硬件的投入力度，加大教育教学改革的力度，进一步提高办学效益和教育教学质量；三是强化目标管理，切实履行责任。落实规划的分解工作，实行"分年级分解、分部门分解、分层定向、目标引领"的管理思路，细化量化规划目标，并落实规划实施的具体责任，确保规划顺利实施、有序推进。

2. 以队伍建设为核心，促进教师的专业发展。要以实施新课程为平台，采取多项举措，促进教师专业发展。坚持"以校为本"的培训制度，为教师专业发展创造条件和机会；坚持"以校为本"的教学研究制度，为教师专业成长搭建平台；坚持"人文"思想，改善教师工作条件，创设有利于师生发展的优良环境。通过"三评"（学生评教、家长评教、教师互评）和"三创"（文明单位、文明组室、文明教职工）的长效机制，不断规范教师的教育行为，提高教师的职业素养；以"骨干教师考核奖励""内培外引""集体备课"等手段，逐步优化教师的知识、能力结构，不断扩大优秀教师群体。

3. 以课程改革为平台，促进素质教育实施水平的提高。一是建构新的课堂教学模式，推进课程改革。要以科学的教育教学理念为指导，在开齐、开足、上好各门课程的前提下，积极建构以"自主学习、自主发展"的课堂教学模式。实现了学生在课堂上学习方式的根本转变，促进学生的自主学习、合作学习、探究学习，切实培养学生的创新精神和实践能力。二是开发校本课程，推进课程改革。要建构完整的校本课程体系，不断优化校本课程开发的目标要求、实施办法和评估机制，促进我校校本课程开发向着深层次、宽领域、实效性上发展，为深化课程改革、推进素质教育提供有力的支撑。三是实行学生素质的综合评价，推进素质教育。要依据《广东省普通高中学生综合素质评价方案》的精神，结合我校实际，制定《蓝田中学学生综合素质评价实施细则》，在评价过程中，既要继承传统评价中有益的做法，又要注入课改中新的理念；既要注重综合素质的评价，又要关注学生个性差异，促进学生主动发展、全面发展、有个性发展。改进学生的学业评价，强化学分管理。学校根据课程方案的学分要求，形成学

年学分分配表，严格学分认定的标准、程序和操作过程。确保学分认定的公正、公平、公开，建立我校学生综合素质评价体系。

4. 以教育科研为动力，提高教育质量。进一步推进学校教科研工作校本化。在"科研强校"的理念导向下，课题研究的形式要注重整体与综合，课题研究的内容要讲究创新与发展，课题研究的对象要关注教师与学生，课题研究的效果要凸现教育与教学质量的全面提高。在教科研实践中，要紧紧围绕学校改革发展和教育教学实践中提出的重大问题展开课题研究，通过课题研究，探索解决问题的途径和方法，提高教学管理效益和教学质量。

5. 以学校管理为着重点，全面提高学校管理水平。要进一步创新学校管理体制，完善学校管理层次结构，使各管理部门的事权和人权相协调，责任与权利相统一，有效地提高学校管理的效能。要进一步创新学校管理运行机制，大胆进行人事制度和分配制度的改革，体现"向一线倾斜，向骨干倾斜，向勇挑重担者倾斜"的价值取向，有效地调动广大教职工的工作积极性。进一步完善学校管理的规章制度，建立一整套以促进师生发展为宗旨的、刚性和柔性高度统一的学校管理制度体系，促进"以人为本"的自主式管理制度文化的形成。

（二）保障措施

1. 确立一个中心

进一步确立教学工作是学校第一要务的理念，确立教学工作在学校整体工作中的中心地位，以教学质量为学校的生命线、生存线，树立高效才能高质的观念，减负增效，优化结构，苦练内功，不断提升学校的教育教学质量。

2. 强化两种意识

一是质量意识。质量是学校的生命和核心，强化质量意识就是坚持以质量为中心，办优质学校和优质教育。学校通过提升教育教学质量，进一步提高学校的管理效能，更好地促进学生全面且有个性的发展，为高等学校提供更多更好的优质生源，为社会培养更多的社会主义事业建设者和接班人，从而确定学校在竞争中的优势地位，使学校在竞争中更好、更快地发展。

二是服务意识。学校要着眼于学生发展，努力为他们提供优质的教育服

务，最大限度地满足他们对优质教育的需求。

3. 坚持四个并重

竞争意识和团队精神并重。学校通过强化竞争意识，营造"能者上、平者让、庸者下"的良好氛围，以最大限度发挥教师的潜能。在鼓励竞争的同时，还必须提倡团队精神，树立全校一盘棋，全班一盘棋的思想，打好团体战，形成合力，发挥"一加一大于二"的整体效应。

规模扩大与质量提高并重。始终把提高教育教学质量放在突出的位置。先把学校做强、做优，再把学校做大。在发展适度规模的同时，重视学校办学思想、校风校纪、管理水平、内部设施、教学质量、办学特色等方面的软件建设，实现学校硬件建设和软件建设的均衡发展。

坚持内部挖潜与学校外部环境优化并重。多渠道寻取创建工作的人力、财力支撑。充分挖掘学校内部教育资源，大力开发校外教育资源。在创建过程中，学校以开放的心态，多争取政府和主管部门的支持，多争取社会和家长的理解与配合，形成校内外通力合作的良好机制。

坚持规划与落实并重。坚持高起点、高标准抓规划，稳打稳扎抓落实，重规划更重落实。把过程和结果和谐的统一起来。

4. 处理好五种关系

（1）处理好短期发展和长远发展的关系，树立可持续发展的观念。

（2）处理好追求升学率和促进学生全面发展的关系，树立正确的教育质量观。

（3）处理好办学规模和办学质量之间的关系，注重办学效益。

（4）处理好课程改革和课堂教学的关系，既要重视课程和课堂改革，又要重视教学管理体制的创新。

（5）处理好过程和结果的关系，坚持新课改的评价理念，既关注过程评价，又关注结果评价，做到结果与过程并重。

5. 实现六个最优化

（1）德育工作最优化。

坚持"条块结合，以块为主"的德育工作思路，实现德育工作的"六化"：

砺志教育特色化，国旗下讲话系列化，法制教育长期化，心理健康教育专题化，"三结合"教育常效化，行为规范教育精细化。

（2）资源配置最优化。

优化学校教育资源配置，科学有效地整合、凝聚教育资源；最大限度的利用教育资源，并实现资源共享。

（3）教育评价最优化。

以全面实施素质教育的基本要求为总则，对学校教学工作进行全过程的评价，建立起包括教学思想评价、教学管理评价、教学过程评价、教学研究评价、教学成果评价的完整体系，不断提高评价的科学性和信度，实现我校教育评价的最优化。

（4）教学流程最优化。

要优化"备课、上课、作业布置与批改、辅导、考试、评价、帮促"八个环节的教学流程管理。特别要强化集体备课，不断加强集体备课的研究，进一步完善"三级备课"的模式，建构集体备课的理论框架，促进其他各个教学环节流程管理的最优化。

（5）课堂教学模式最优化。

以建设绿色生态课堂为目标，"建构自主学习、自主发展"的课堂教学模式，把课堂还给学生，让学生成为课堂的主人；把班级还给学生，让教室充盈民主的气息；把创造还给师生，让课堂充满智慧的挑战；把发展还给师生，让课堂成为成长的家园。

（6）学生学习状态最优化。

培养学生良好的学习状态和学习习惯，进一步提升学生的学习质量。在学生学习状态的培养方面，采取分层推进的方式，按照"有秩序学习—专注学习—高效学习"的程序，分步实施，逐层推进，培养学生高效学习的学习品质和学习状态。

五、实施步骤

规划实施主要分两个阶段：

第一阶段（2011—2013）：加大人力、物力、财力的投入，加强硬件和

软件建设，强化学校的内涵发展，争取在2011年秋季实现市一级学校的目标，并在此基础上继续向省一级学校目标迈进。

第二阶段（2014—2016）：进一步加强学校的各项工作，强化学校内部管理，加大资金投入，优化教育资源配置，充分发挥学校的示范、辐射作用，打造名牌学校，争取在2016年前建成省一级学校。

贯彻科学发展观，实现学校德育新跨越

一、中共十七六报告赋予学校德育工作时代使命和更高的要求

胡锦涛总书记在报告中郑重宣告，"建设社会主义核心价值体系，增强社会主义意识形态的吸引力和凝聚力。""开展中国特色社会主义理论体系宣传普及活动，推动当代中国马克思主义大众化。""切实把社会主义核心价值体系融入国民教育和精神文明建设全过程，转化为人民的自觉追求。积极探索用社会主义核心价值体系引领社会思潮的有效途径，主动做好意识形态工作。"胡锦涛总书记在报告中明确提出："加强和改进思想政治工作，注重人文关怀和心理疏导，用正确方式处理人际关系。动员社会各方面共同做好青少年思想道德教育工作，为青少年健康成长创造良好社会环境。"胡锦涛总书记在报告中强调指出："要全面贯彻党的教育方针，坚持育人为本，德育为先，实施素质教育，提高教育现代化水平，培养德智体美全面发展的社会主义建设者和接班人，办好人民满意的教育。"胡总书记这些涉及德育工作的精辟论述提出后，教育部部长周济于第二天(10 月 16 日)在记者会上讲："推进素质教育，提高教育质量，就是要使得学生能够德、智、体、美全面发展。我们要在三个层面上推进工作，一是在课堂教学中，进一步加强德育课；二是我们要充分利用课外的活动，在课余时间加强学生的思想政治教育；三是建立起学校、家庭和社区共同的网络，来推动学生的德育以及素质教育。"这些论述和观点明确无误地传达这样的信息：因应新时期形势发展的需要，

德育工作将得到进一步强化，学校德育工作将进入一个全新的时代。这样，明确德育的内涵和目标，以高度的责任心和使命感，积极探索德育工作的有效方法和途径，高标准高质量完成党中央交给的战略任务，成为广大教育工作者、学校德育工作者面临的重大课题和考验。

二、重温德育的根本目标

当我们用历史的眼光回顾时，我们就可以清楚地看到，当前我们的德育目标是什么。毛泽东同志曾告诫全党："培养无产阶级革命事业接班人的问题，从根本上说，就是老一代无产阶级革命家创立的马克思列宁主义的革命事业是不是后继有人的问题，更是将来我们党和国家的领导能不能继续掌握在无产阶级革命家手中的问题，就是我们的子孙后代能不能沿着马克思列宁主义的正确道路继续前进的问题。""总之，这是关系到我们党和国家命运的生死存亡的极其重大的问题，这是无产阶级事业的百年大计，千年大计，万年大计。"[①] 邓小平同志在全国教育工作会议上讲："把青少年培养成为忠于社会主义国家，忠于无产阶级革命事业，忠于马克思列宁主义毛泽东思想的优秀人才。"江泽民同志在《关于教育问题的谈话》中深刻指出，"抓好教育和青少年学生的思想工作，直接关系到我们实施科教兴国战略能否取得成功，关系到我国社会主义现代化建设能否取得成功，大家都要从这样的高度来认识问题，开展工作"。我们党三代领导人的谆谆教诲和十七大上胡锦涛总书记有关德育工作的论述，已经明确地给我们指明了德育的目标。

三、当前德育存在的问题

如何正确评估当前学校德育的状况，首先必须了解成功德育的标准。我国各级各类学校的德育总目标是：把全体学生培养成热爱祖国，具有社会公德、文明行为习惯、遵纪守法的好公民。因此，我认为成功的德育首先要符合三个标准：第一，是否符合人民的整体利益（表现为国家利益）；第二，是否促进所在社区的发展——体现了时空性，即时间分为短期利益和长远利

①　参见《人民教育》2000 年第 9 期。

益，空间上是否有益于政治、经济、文化和生存环境；第三，是否促进学生个体身心健康的发展，特别是高中阶段的德育教育，是否以人生观教育、理想教育和职业道德教育为主。

按照上述标准，当前学校德育工作的确还存在一些问题：第一，没有有机把握三大标准，在实践中出现放松要求、降低标准的现象，很多德育工作者，特别是班主任，都只认为只要我所带的班级不出乱班，安全第一，在所带班的时间里平安过渡，就圆满交差了；第二，德育工作者眼中只有任务没有目标，对目标认识的模糊性，只有眼前的工作，没有整体长远的眼光，他们往往只是就事论事，传达贯彻学校或上级布置的任务；第三，现代教育理念缺失，德育方式简单、粗暴，缺乏技巧，局限于治标而不治本，德育工作方式有待转型；第四，传统的陈旧的德育模式惯性运动，思想陈旧，因循守旧，缺乏研究，工作思路混乱，往往出现眉毛胡子一把抓的现象，德育工作效果甚微；第五，德育工作缺乏主动性、前瞻性，滞后于社会形势的发展。

四、新时期学校德育工作的思路和方法

当前学校德育存在的问题与党中央赋予学校德育工作的时代使命、提出的更高要求形成强烈反差，学校德育工作面临空前的挑战，但是，只要我们目标明确、认识到位，正确把握好成功德育的标准，与时俱进，转变教育观念，改革德育工作方式，学校德育就会不辱使命，实现新跨越，迎来新的发展机遇期。

1. 要从战略高度认识和把握学校德育工作的重要性

社会主义核心价值体系是社会主义意识形态的本质体现。党的十七大提出要"建设社会主义核心价值体系，增强社会主义意识形态的吸引力和凝聚力""开展中国特色社会主义理论体系宣传普及活动""切实把社会主义核心价值体系融入国民教育和精神文明建设全过程，转化为人民的自觉追求"。这些目标要求得以实现的最根本途径是学校德育，而其实现与否事关中国特色社会主义事业的兴衰存亡！其重要性不言而喻。因此，十七大报告在"实施素质教育"之前加上"坚持育人为本，德育为先"，其命意是强调德育在

素质教育中的核心地位、优先地位，有很强的针对性。同时，搞好德育工作也是建设和谐社会和提高国家文化软实力的必然要求，要站到事关中华民族伟大复兴的高度认识其重要性。

2. 要以"育人为本"的理念重新审视现有的德育方法、方式、手段，加快德育方法、方式、手段现代化

十七大报告中提出"科学发展观的核心是以人为本"，在谈到教育时提出"育人为本"，这些论述告诉我们，科学发展观不仅强调经济社会的发展，而且注重人自身的发展。在学校德育工作中必须贯彻这一理念：育人为本，尊重个性发展。这就要求我们在学校德育工作中，必须重新审视传统德育手段的方法、方式、手段。新中国成立以前思想教育基本是流于简单、粗暴、专制的教育方式，体罚普遍存在。新中国成立后，人民政府在学校教育方面否定这种教育方式，但该方式在家庭教育中仍长期存在，并不时对学校教育有所渗透和影响。现在我们必须贯彻"育人为本"的理念，彻底清除传统德育中一切流于简单、粗暴、专制的教育方式，禁止体罚。促进学生身心健康发展，才是我们德育工作的目的。我们要以此为契机，加快德育方法、方式、手段的转型，实现现代化。现代德育方式的主要特征是：不以伤害学生为前提，采用间接和无形的教育，教育者运用智慧、设计情境、利用特殊氛围引导学生自己产生改正错误缺点的要求，"我应改""我应该……"代替传统德育的"你应改""你应该……"。不直接显露教育形式，学生在不知不觉之中自愿接受或主动趋向于我们所要达到的预期教育目标，这就是新型德育方式或现代德育方式。我们要运用新的德育方式，在德育工作中充分发挥学生的主体作用，凸显学生的自主性，激发学生的主动性，使学生在德育中感受到获益而不是受伤害，使学生欣然达到我们的预期教育目标，而不是逃避教育。

3. 教师要努力提升自我，做到"学为人师，行为世范"

新时期德育工作要求教师的观念和态度要有根本的改变。"学校校长和教师，在精心培养人才方面负有特殊的责任。""人民教师是社会主义精神

文明的传播者和建设者。""教师是学生增长知识和思想进步的导师，他的一言一行，都会对学生产生影响，一定要在思想政治上、道德品质上、学识学风上，全面以身作则，自学率先垂范，这样才能真正为人师表。"[②]温家宝总理在 2007 年教师节看望北师大教师时讲"师范教育可以兴邦"，深刻揭示了教师在教育中的重要作用。教师的思想政治素质和专业道德水平，直接关系到教育质量的高低，关系到青少年学生的健康成长，关系到科教兴国战略的实施，关系到三个文明建设。因此，教师一定要与时俱进，树立正确的德育育人观，以过硬的素质和模范榜样示范效应，为学校德育工作做出贡献。

4. 要注重实效，加强德育工作的内涵充实和外延扩张

教育内容要与时俱进。教学内容要适应青少年学生的特点，加强思想政治教育、品德教育、法纪教育和心理健康教育。中学生思想政治课和德育课程的设置要更加符合学生的实际，特别是对时事政策教育要列入教学计划，统筹安排对学生进行时事政策和相对的专题教育；还要紧密联系学生生活实际和社会生活实际，组织学生进行军训，到德育基地学习、参观、考察等活动，使学生在兴趣中提高自身的品德修养。

要开展有效的教育方法。德育工作渗透在教育的每一个环节中，一定要充分利用现代教育技术手段，采用启发式、讨论式、研究性学习等有效方式进行。注意社会实践、多组织义务活动，有意义的演讲比赛，讲故事比赛，文艺会演等来切实提高德育工作的实效性，把德育工作寓于各学科教学之中，贯穿于教育教学的各个环节。

5. 德育工作与文化建设有机结合

十七大报告中提到"建设和谐文化、培育文明风尚"，为我们德育工作提供了一个新思路：文化建设与德育工作相结合。通过文化建设发挥正确导向作用，发挥模范榜样作用，文化建设可以丰富人们精神生活，为群众所喜闻乐见，与德育工作相结合，寓教于乐，效果更佳。我们把校园文化建设和德育工作相结合，校园文化建设可以创造一种氛围，这正是前面所提现代德

---

② 江泽民在 2000 年第三次全国教育工作会上讲话。

育方式所必备的，学生必定是校园文化建设的主角，发挥着主体作用，文化建设与德育相结合，必定相应地把学生在德育工作中的自主性、主动性激发出来，从而获得更好的效果。

6. 学校教育环境要和谐发展

学校教育一定要同社区教育、家庭教育紧密结合。学校要经常与家长联系，通报学生的在校表现和了解在家表现，要定期召开家长会议，认真听取家长对学校管理教育教学工作的意见和建议。要积极探索学校教育与社区教育的新路子，积极协助和支持社区开展青少年活动，会同有关部门总结成功经验，共同构筑学校、社区、家庭三位一体的和谐的德育网络。

综上所述，当前学校德育工作必须高举中国特色社会主义伟大旗帜，以邓小平理论和"三个代表"重要思想为指导，深入贯彻落实科学发展观，必须更新教育观念，加快德育方式现代化，必须坚持育人为本、德育为先，牢牢确立德育工作在素质教育中的核心地位，实现学校德育工作新跨越。学校要同家庭、社会共同努力，为广大青少年学生健康成长营造良好的校园环境。为学生的身心健康成长，为社会的和谐有序，为中国特色社会主义事业的发展，为实现中华民族的伟大复兴做出应有的贡献！

2008 年 2 月，本文发表在《中国教师》

（2008 年第 2 期，CN 刊号：11-4801/Z；ISSN 刊号：1672-2051）

浅谈现代学校形象的设计与传播

随着教育改革的深入发展，党和政府对教育投入力度的加大，特别是张德江书记对粤东考察，重点提出揭阳的教育要与历史文化名城相匹配要和谐发展之后，我一直思考：像我们蓝田中学这样的普通高中，如何适应现代教育改革的浪潮？如何求得更好的生存与发展？带着这样的问题，我对现代学校形象的设计与传播谈一点肤浅的见解。

学校的形象，是指社会各界人士以及校内外的师生员工对学校的总印象和总评价；也就是说，是公众对学校的一种基本认定，是社会大众对学校的领导形象、学生形象、教工形象、设施形象和环境形象的整体综合评价。因此良好的学校形象有利于增强学校的外张力，有利于提高学校的内聚力，能够促进学校持续健康发展。

在普通农村高中工作10多年来的实践告诉我，设计和传播好学校自身的形象要做好两方面的工作：

☀ 第一，学校形象和传播工作的基本思路

"思路决定出路"，要寻找学校的可持续健康发展，首要决定于学校的办学思路。因此我认为：

1. 实事求是，正确定位学校形象

蓝田中学历史悠久，从南宋时期的"蓝田书庄"发展到今天已经有800多年的历史，历经多个世纪的沧桑，有着丰盈而厚实的文化积淀。近年来，

在各级党政和教育主管部门的正确指导下，在社会各界贤达和校友的关心支持下，学校的办学规模得到迅猛发展，特别是今年更有新的飞跃，目前学校共有学生2100多人，27个教学班，教职工116人，达到历史的新高。学校的教学质量得到巩固和提高，高考的成绩连续五年获县普通中学第一名，2006年的高考成绩更上一个新台阶，取得上本科绝对人数、上三A绝对人数和上线比率均占县普通中学第一名的好成绩。但我们的学校硬件设施远远不能满足学校办学发展的需要，整个校园占地面积16亩多，教室、实验室等配套设施落后，且大班额现象突出等。在成绩和困难面前，有些领导老师对学校的定位问题出现偏见，有些同志甚至提出蓝田中学现在应该多追求考一批的人数和争取培养上北大、清华的学生，对这种提法我认为有点盲目乐观，我们应清醒的认识到：我校所处的位置在普通农村高中，我校的综合形象在全县应属于中上层次，在全省范围属于中下层次。因此，我们只有实事求是，准确定位学校形象，才能保证好学校的健康持续发展。

2. 整合校力，努力强化学校形象

硬环境和配套设施我校的得分几乎为零，蓝田中学如何在16亩多一点的土地上来寻求生存和更大的发展？学校只有充分发挥全校师生的优点，尽量克服困难，才能求生存、求发展。我校连年来办学质量能不断得到巩固和提高，这完全靠的是蓝田人"团结奋进，艰苦奋斗，自立创新"的精神在支持着。只有人去适应环境，去创造形象，才能立于不败之地，才能全面创新和发展。我认为，一所学校校力的整合，首先是校长形象和班子形象的整合，只有校长带领着班子成员带好头、迈好步，"有责任、有理想、有能力、形象好"，才能带动整个学校师生的共同努力和奋斗；其次，要把自然环境和文化环境相结合，才能造就和谐的"绿色校园、书香校园"的教书育人环境。为此，我校先后完善《教职工管理制度》《学生管理制度》《文明班级评比实施细则》等一系列校规，"力度决定速度"，我校加力执行纪律力度，整合校力，保持师生有良好的精神面貌，扩大社会的影响面，努力强化学校的形象。

第二，学校形象和传播工作的基本策略

1. 创建学校特色，宣传学校形象

历史悠久的蓝田中学，与时俱进，为适应新的发展形势，在 2005 年，学校全面制定办学指导思想、办学目标和办学特色，作为学校工作的指明灯。

我校把"贯彻教育方针，实践'三个代表'，坚持依法治校，实施科学育人，推进目标管理，深化教育改革，发展办学特色，全面提高教育教学质量"作为办学指导思想。

我校的办学目标是：以"三个代表"重要思想为指导，全面贯彻执行党的教育方针，办成以创新教育为先导，以信息技术为依托的实验性学校。

我校要发展和凸显"德育工作人文化，教学手段信息化，学校管理法制化"的办学特色。

我校通过召开教师会议、学生会议和家长座谈会等，把学校的办学理念落到教育实践中，并宣传到社会上，以便不断丰满学校的形象。

2. 提高人员素质，主导学校形象

学校是培养人才的地方，是人教育人的场所，因此，只有全面提高人员素质，才能正确主导学校的形象。一个好的学校领导班子，就是一所好学校，我校领导班子坚持解放思想，统一认识，自我加压，开拓进取，不断学习，提高自身修养，增强在不断变化的新情况面前解决问题的能力，增强在大是大非面前辨别真假是非的能力，创造性的完成本职工作。教师是培养造就人的主要工作者，我校教师坚决落实"成人、成才、成功"的育人目标，以"爱生"为核心，以《中小学教师职业道德规范》为依据，以先进教师为榜样，认真做好育人工作。同时，学校把培养青年教师列入重要议事日程，我校充分发挥骨干教师传、帮、带的作用，帮助青年教师练好教学基本功，青年教师实践"在继承上有所创新"的理念，目前共有 15 位青年教师光荣地加入中国共产党，有 12 位青年教师担任高三级教学，25 位青年教师担任班主任，他们在教育教学工作中逐渐成熟，发挥重要作用。学生是学校精心打造出来的产品，我校努力把学生煅炼培养成又红又专的社会主义有用人才，将来更好地

传承中华民族的优良传统和实现祖国的伟大复兴。我校实施校园文明修身工程。同学之间有礼貌，见了师长要问好，在校园内不骑机动车，不穿奇装异服，不留怪异发型，不吸烟，不喝酒，不上网吧，正确处理好同学关系，倡导文雅、文明的同学友谊，让全体同学的文明行为成为校园文化的一道靓丽风景。开展"大丈夫不扫一屋，何以扫天下"主题活动，引导学生从身边小事做起，养成良好的做人习惯。通过每周星期一的升旗礼对学生进行爱国主义教育。我校还认真做好毕业生的跟踪调查工作，认真整理保管历届毕业生的个人资料，加强学校与学生之间的联系，做好在校学生的爱校教育，积极把蓝田中学的良好形象宣传到社会中去，拥有较高的社会声誉。

3. 策划专题活动，调控学校形象

毛泽东同志说："领导要出主意，用干部。"我认为学校的行政班子，要点子多、策划多，多做学校的品牌效应，调控学校形象。我校根据新形势，有计划、有目的地组织丰富多彩的专题活动，如"扶贫献爱心""学雷锋，树新风""尊师重教""保护地球，绿化家园"等教育活动，并组织学生到敬老院帮助清扫环境卫生；每年都举办庆元旦文艺会演；请省特级教师许声建为全校教职工作专题讲座；请县关工委领导为学生作心理健康专题讲座；请县交警领导为师生上交通安全教育课；通过举办各种形式的专题活动，提高教师教书育人的积极性和效果，正确引导学生树立健康积极向上的人生观，把学校的形象推向社会，得到社会各界的认可。

4. 精心设计校园，美化校园形象

学校是师生学习生活的场所，营造一个整洁和谐的校园环境，是全校师生工作，学习生活必备前提，是社会洞察学校的一个重要窗口。我校积极采取以常规管理和动态管理相结合的手段，并提出"向管理要质量"的响亮口号，我校制度《蓝田中学教学工作规范要求补充规定》《浮动奖励工资制度》《奖教条例》《学生规章制度》《文明班级竞赛办法》等管理制度，并加强执行力度；学校实行校长负责制，各处室主任抓线条，挂钩年级和科组，聘任年级组长，条块结合，齐抓共管，形成完整而有序的常规管理网络。同时还组织一支强

有力的值日教师队伍，配合保卫人员每天24小时加强校园巡视，充分显示动态管理的灵活性和重要作用。

我校致力于师资队伍的建设，定期召开班主任会议，用先进的教育理念指导班级管理，力争用2至3年的时间把一批年轻的班主任培养成善做学生思想工作的行家里手。今年我校徐瑜盛老师被县教育局确定为"名班主任"培养对象。坚持每周一召开全体教职工会议，进行思想工作政治学习和业务学习，不断强化教师自身修养，使教师用心感悟做一名荣的人民教师的真切含义。我校以教研组为单位，认真搞好校本教研活动，实现优质资源共享，从备课组集体备课抓起，将教师个人智慧转化为集体财富，提高教师授课质量，力争3至5年内培养出一批学校教师的中坚力量，尽可能培养出市、县较有影响力的名教师。我校张少萍、钟秋桂等老师参加省物理教学的课程立项研究；邱定波老师在新课标的教学实践中代表揭阳市在省教研会上作专题发言；先后还有黄燕珍等10多位老师所撰写的论文分别在国家、省、市、县获得奖励。

学校对校园形象进行整体规划，分别实施，精心制定各项规章制度，努力搞好制度建设；精心制定培养老师、学生的各项目标，精心搞好环境布置，教室宿舍的内务整理和公共场所的环境设计，等等，从而美化学校的形象。目前，一个环境整洁、学习气氛浓烈、整体和谐的蓝田中学正焕发着青春和活力。

总之，学校通过整合师资、学生、后勤、社会力量等有效资源，努力把校园建设成"书香校园，人文校园，绿色校园"，并推广向社会，努力构建适合学生发展的教育，办人民满意的学校。

深化校园文化建设，构建特色育人环境

木铎传薪火，金声振杏坛。

在揭阳市委、市政府的高度重视，以及揭阳市教育局的精心组织下，我于10月26日至11月3日参加北京师范大学揭阳市校长领导力高级研修培训班学习，聆听了35个教授、专家主讲的专场讲座，并到三里屯一中实地参观学习10多天，通过系统学习，我在教育理论、管理理论、教育的观念等方面都得到很大的启发。结合当前我校的具体实际情况，我认为应当紧紧抓住县教育局提出的大力推进校园文化建设这一主题，深刻领会，把握机遇，真抓实干，努力构建特色的育人环境，不断超越自我，才能把蓝田中学的各项事业不断推上新台阶，实现教育的良性循环和可持续发展。下面我谈谈个人的心得体会。

任何一种组织文化都是组织成员在长期的生产、生活实践活动中共同创造、发展起来的。它一旦形成，就会成为一种巨大的惯性力量，总是以"传统"或"习惯"的形式影响人们的行为取向。崭新的富有活力的校园文化总是植根于已有的文化土壤之中，是原有文化的新生和发展。作为在长期实践活动中发展起来并逐步形成的校园文化，它不仅是潜在课程的一个重要教育因素，对教师的职业道德、学生的学习和成长也起着潜移默化的作用。因此，深化校园文化建设，一方面要继承优良传统，争取积极的生发；另一方面要随着时代的发展、变化而不断革新优化。在新的历史时期，要构建有自己特色的育人环境，我认为必须坚持"育人为本"的理念，以培养学生"学会做人，学会求知"为宗旨，着力于校园文化建设的整体设计，努力构建一个干净优雅的校园环境；一个健康活泼、自主生动的心理环境；

一个民主友爱、团结和谐的人际环境；一个快乐、勤奋的学习环境，为教书育人营造理想的氛围。

一、强化文化意识，加强校园文化建设的整体设计

文化的形成是一个长期积累的过程，要构建独具特色的校园文化，校园文化的主体（包括学校领导、教师和学生）特别是学校领导，必须具有强烈的文化意识，把学校中的每一项工作、每一项活动，都看成是形成校园文化的积累，都是一种创造文化的手段。我认为要把校园文化建设作为一个系统工程来抓，确立"学校无小事、事事可育人"的学校文化价值观，并紧紧围绕这个价值观，用系统的方法来规范和设计校园文化。

（一）物质文化设计

学校物质文化是一种"隐性课程"，具有"桃李不言"的特点。它有利于学生陶冶情操、美化心灵、激发灵感、启迪智慧，也有利于学生素质的提高。因此，建设物质文化，优化校园环境，要着眼于整体精心设计。教学区、生活区和运动区各功能区要特点鲜明，处处体现艺术性和教育性，处处散发出浓浓的文化气息。这样才能形成一个富有生机、和谐奋进的校园环境。

（二）制度文化设计

制度文化是制度化了的文化形态，它包括学校的规章制度、组织结构、道德规范等。我认为坚持以"教育为主"的原则，做到既体现依法治校的目标，又体现人文管理精神，为此，所有规章制度的建立都应立足于培养学生自主学习、自主管理和自主发展，都是为了体现教职工的文化品位、文化水平和价值取向，努力营造想干事、敢干事、能干事、干成事的良好氛围，使制度设计具有丰富的文化内涵。

（三）精神文化设计

学校精神文化是学校文化的灵魂，它是学校师生共同创造和认同的文化价值观，我认为精神文化设计要跟紧时代脉搏，与时俱进，坚持科学发展观，从而创建良好的学校精神，最终实现"人的全面发展"。因此，要把精神文

化设计与素质教育紧密结合起来，以育人为根本，以培养学生"学会做人，学会求知"为宗旨，体现"尊师、勤奋、进取"的良好学风，确立"尊师、守纪、勤奋、创新"的校训；明确"无私奉献、为人师表、敬业爱生、严谨治学"的师德要求，着重强化教师职业意识，丰富教师职业情感，优化教师职业行为，从而增强教师的责任感、事业心、爱生情，提升教师的人格魅力。

物质文化、制度文化和精神文化构成了校园文化的主体，它们之间相互联系、相互渗透，只有通过强化文化意识，加强整体设计，使学校形成一种强大的环境力量，才能对置身其中的教师和学生产生巨大的心理影响，使他们在浓厚的文化氛围下学习、生活和工作，并取得不断进步。

二、优化构建手段，促进校园文化的个性化和特色化

构建校园文化的手段，蕴藏在学校的每一项工作、每一次活动之中，主要体现在学校的管理活动、教学活动和课余活动上。校园文化在很大程度上是一种规范文化，因此，我认为在管理活动中，必须不断优化制度建设，用科学的规章制度来规范学校领导者、教职工和学生的行为，使学校各项工作都在规范的制约下有序开展。我认为围绕"民主决策、科学管理、级组负责、分组竞争、奖勤罚懒、奖优罚劣"的管理模式，比较符合当前我校发展的客观需要，并且有很强的可持续性，能有效地建立起"规范"和"选择"的管理机制，容易培养出"竞争创新"的学校精神，燃起广大教职工的工作激情，有利于形成既严谨有序又生动活泼的工作局面。

学校的教学活动是让学生掌握文化最重要、最基本、最直接的一种手段。教学活动不仅是让学生学到知识、掌握文化，更重要的是要形成一种教风、学风和一种精神，从而影响师生的一生，我提倡"面向每一个学科，使学生的整体素质得以提高；面向每一节课，使学生的潜能得到挖掘；面向每一位学生，使学生都能自主发展"的教学要求，就是培养一种循循善诱的教风。同时，应该非常重视为教师成长搭建平台，以"名师计划""青年教师培训计划""继续教育"等工程为突破口，多层面、多渠道提高师资水平；要加大对学科带头人的培养力度，强化集体备课工程，做到资源共享。在长期的教学实践中，形成一种个性化的校园文化特色。

德育工作是校园文化积累的一项重要内容。只有坚持以构建文明和谐校园为依托，全面推进学校精神文明建设，在校园内推行"五个一系统工程"即每周一议题、一赞美、一规范、一提示、一警示，然后通过教育园地、广播宣传、主题班会、座谈会等形式对师生进行系统教育；同时每学年举办的元旦文艺会演、演讲比赛、书画比赛等活动，塑造学校文化，展现学校的文化特色。

三、活化育人环境，增强学校文化吸引力

学校育人环境建设，包括学校外部环境建设和学校内部环境建设。学校外部环境，即社会文化不可避免地影响着校园文化，这种影响可以是积极的，也可以是消极的。因此，学校要吸纳社会文化的积极因素，屏蔽消极因素。

学校内部环境包括学校的物质环境和人际环境。物质环境是校园文化建设和发展的物质基础，同时在一定程度上反映了校园文化发展的程度。在这方面，我认为，全校教职员工要始终将自己的文化理念融入其中，根据学校的实际，因地制宜，净化环境，增强校园文化气息和文化内涵。在教室走廊等学校公共场所，悬挂励志性的标语牌以及组织师生书写有关迈向成功目标的名人格言，营造激励师生追求成功的良好氛围。

学校人际环境是指学校内部人际关系的氛围。教师的各方面素质都比较高，精神世界较丰富，实现个人价值和社会价值的愿望强烈，非常渴望拥有一个高度民主、开放、自由的工作环境来帮助自己实现价值。为此，我认为要始终把人际环境建设作为学校文化建设的重要一环来抓，努力建立一个宽松、和谐、亲切、信任的人际关系。通过各种途径、各种方式，营造一种干群关系和谐、师生关系融洽、教师团结协作、学生友爱互助的工作、生活、学习氛围。

校园文化建设在学校发展中的地位和作用将越来越显现，学校要实现自身的发展目标，就要格外重视校园文化建设，只有通过文化观念的创新和整合，优化学校资源，调动多方的内在潜力，才能积蓄更多的力量来发展学校，推动学校的进步和发展。

正是：京师学艺满载归，揭阳教育必腾飞。又好又快航标定，各显神通竞发挥。

现代教学视域下教学检查方式的新探索

随着广东省"创强""推先""建高地"及教育改革的深入开展，课堂教学的现代化教学新装备、新技术迅速普及，这对传统的教育教学方式和学校教育教学管理方式造成猛烈冲击，特别是作为教育教学质量管理的一个重要环节——教师教学资料检查也遇到前所未有的挑战，到了非改革不可的地步。

一、传统教学检查方式的困局及对策

（一）困局

教学现代化新装备、新技术的普及产生了教师备课成果新形式，并衍生了系列新问题，加上传统教学检查方式本身的局限性，传统教学检查方式已无法解决教学检查中的新问题，无法取得有说服力的检查结果。

1. 现代教学方式使教案无法反映备课全貌

在传统教学方式占统治地位时代，教案是备课的最主要成果，是评估教师备课是否认真的主要依据。随着教学现代化新时代的到来，教师集中主要精力准备教学多媒体课件，课件设计直接影响课堂节奏，影响课堂效率，影响学生的接受程度和课堂教学效果。这使作为备课成果的新事物——多媒体教学课件的作用地位上升，传统教案的核心地位动摇。这时，检查教师备课是否认真，如果仍按原来的教学检查方式——只检查教案，就无法考察教师备课的全貌，无法看教师的全部成果，就会形成片面的判断。

2. 现代教学条件下课件与教案地位之争

随着多媒体教学的普及，多媒体课件日益为教师所倚重，甚至出现某种

程度的依赖，一些教师认为自己的全部备课成果都体现在课件，所以，教学检查时只缴课件不缴教案，这就在检查过程中产生一个新问题，课件能否等同教案？课件与教案哪个更重要？教学检查应以哪一个为主、哪一个为辅？

3. 现代装备条件下教案打印与手写之争

随着教学装备现代化，教案打印也逐渐流行起来。打印教案美观大方，教师今后修改较方便，不用动不动就推倒重来，可节省大量时间，为教师们所喜爱。但是，打印教案给教学检查带来了难题，教师若从来不写教案，检查前夕下载打印教案怎么办？教师下载或借用别人教案，却从内容到形式都显得很规范，应如何评判？打印教案泛滥导致教学检查中真假难辨，如不多方考证，难以得出真实的结论。因此，一些学校在教学管理方面，采取较为偏激的措施，一律手写教案，不得打印！但这样做，放着高效的新装备新技术不用，是不是有悖时代潮流呢？这还会产生一系列新的问题：教师能借鉴优秀备课成果吗？如果强求手写教案，你能确信他不是下载来抄写的吗？如果教师花大量的时间抄写别人的标准教案，岂不成了形式主义？对教学有益吗？教师岂不更没有时间用于教学研究？一些学校因一时想不出解决办法，干脆淡化、放弃教案检查。

4. 传统的教学资料检查信度和效益备受质疑

传统的教学检查有一个先天缺陷，即停留于平面资料检查，基本能够判断出教师是否认真、是否肯多花精力于教学，但无法精准地判定其备课的质量和教学效果，所以，长期以来，教育界就有一种被普遍认同的说法："检查教案不如听课！"在教学现代化条件下，教案特别是打印教案如何评判？如何辨别是否是教师本人备课成果？课件与教案关联度如何？课件的评估方法是什么？传统教学检查方式已无法有效解决这些问题，人们普遍对传统教学检查信度表示质疑，认为其信度远不及直接听课、学生问卷调查、质量监测等方式。

（二）对策

传统教学检查方式的困局出现主要原因不外两个：一是传统教学检查本身存在只检查平面资料的缺陷；二是现代化带来的冲击。比如，打印课件、教案真假难辨，比如教案与课件的关联度问题，而这些只需让教师接受质询即可解决。因此，破解导致困局的两大根源最终殊途同归，只用一招即可解决，教学检查人员和接受检查教师面对面汇报、探讨，其他问题也即可迎刃而解。

1. 正本清源，明晰教案和课件的定位，教案课件一并检查

现代教学条件下，一些教师把教案和课件混为一谈，并在备课中出现重课件而轻教案的现象，在教学检查中则以课件代替教案。这种状况必须全力纠正。这是因为：第一，课件是教学资源，不是教案，教案是灵魂。包括教师课堂教学思路设计，教学方法技巧的探索，教学经验的总结，课堂组织管理设计，是不可或缺、不可替代的。第二，教师课件来源多为"共享"得来。课件制作工程浩大，绝大多数教师的多数课件是现成课件加"本土化"修改。这样问题就产生了：课件质量如何？课件对知识覆盖的完整性和重难点问题的解决程度如何？原作者专业水平如何？原作者是否有认知偏好？所有这些问题均是未知数。同时，教师的教学资源所表现出来的思路和方式也杂乱无章，无法呈现出个人的教育教学风格，不利于教师的健康成长。故教师在"拿来主义"地使用外来课件的同时，一刻也不能放松对教材、教师用书的研读，不能放松对课标、教学目标、教学重难点的解读和钻研，不能放弃对教学过程的设计和组织管理预案，教师必须有自己的教案。这是教学管理中，针对大量"来路不明"的课件进入教师视域的必要的补救措施。当然，鉴于课件的在课堂教学中直接呈现于学生，作用不可忽视，也为了杜绝教师课件用于教学而教案用于检查的"两张皮"现象，学校决定实行教案课件一并检查。

2. 采用汇报式、讨论式检查

必须彻底摒弃传统教学检查方式中只检查平面文字资料的模式。平面资料检查本来就存在弊端，在教学现代条件下更无法适应。比如课件与教案一致性，让教师本人说明更加便捷，在课件、教案中教师付出多少精力，教师的汇报即能反映出来。长期以来，在学校管理实践中，要扎实有效地推动某项工作的开展，有一个简单有效的办法——教师集中汇报。比如班主任工作，教研组、备课组工作，高考备考工作，教师定期汇报是最有效的促进措施，一方面，教师必须实实在在做了，才能言之有物，做没做，一汇报就知道。这又推动教师去多想办法，扎实工作。另一方面，教师汇报会又使教师互相启发、互相借鉴，特别优秀还会起到榜样示范效应，推动敬业奉献风气的形成。因此，我们决定把面对面汇报式、讨论式方法移植到教学检查中来。

3. 尝试听课式、面试式检查

听课和面试是让教师直接展示是教学方法技巧、教学艺术、专业素养的检查方式，是最直观地反映教师真实水平的"终极检查方式"，根本无法弄虚作假。西方大学流行面试式考试，中国的留学生很不适应，以致闹出一个笑话，一个中国留学生十分无助地要求："给我试卷吧，我只会考试！"可见，面试式考试比书面考试难度更高，更有挑战性。这样，真假课件、教案之争也就显得多余了。

二、新型教学检查方式的运作与模式

（一）运作

教学检查的有效性关键在于组织管理的规范性，必须合理设定检查次数，检查规模和选派评委。

1. 组织不定时不限次数检查

学校根据时间计划安排、课堂突发情况、学生反映情况、教师教学成绩等因素发起随时检查。全面突击检查一般在备课组会时间进行，专项突击检查则随机安排时间。对各备课组检查不平均用力，不限定备课组检查次数，根据实际需要而定。

2. 限定适度规模

每次检查设评委组 3 人，接受检查人数不宜过少，不仅有效益的问题，过于分散还会因为评委改变导致评分可比性下降。当然，接受检查人数过多也不行，会因时间不足导致检查粗放，无法做出较客观的判断。故教学检查以备课组为单位实施检查为宜。

3. 选派检查评委

学校从教学检查评委库选派评委组成检查组，一般由 3 位评委组成，跟组行政人员带队，必要时分管教学副校长和教务处行政人员可参与各备课组检查调研。

（二）模式

按照打破单一平面资料检查的思路，实行互动式检查、听课式检查、面试式检查等检查方式，上述每种检查方式加上集体评议即构成一种检查模式。当然，也可以任意两种以上的检查方式构成新模式，当前，比较常用的和较有条件实施的模式是互动式检查加评委集体评议。各种检查方式具体如下：

1. 互动式检查

互动式检查以"说课——交流——研讨"三个步骤进行，首先由教师说课，说教材、说教法、说学法、说教学程序和说板书设计等。其次，检查人员和被检查教师围绕如何激发学生潜能、提高课堂教学有效性和提高教学质量这些课题进行交流，对被检查教师备课、教法、学法、课堂教学程序设计实施做基本评价。最后，检查人员、被检查教师、同备课组老师交流探讨，对教学中存在的一些问题和疑难问题提出解决办法，对今后努力方向提出意见，形成新的共识。

互动式检查过程中，要求科任教师、备课组长和检查人员认真做好相关工作。第一，教师带笔记本电脑参加检查活动，汇报并接受检查员的提问。各科任老师要认真做好发言介绍的准备，把教学和备课过程中最好的方法、最新鲜的经验介绍出来，并积极参与对其他老师的评价讨论。第二，备课组成员参加评议讨论交流。各位备课组长要认真做好记录，把本次活动中好的经验、方法记录下来，要标明谁的经验方法、谁总结出来的，对于存在问题要记录，并把讨论的解决办法记录好。第三，检查人员要认真组织汇报、交流、研讨活动，在检查过程中做好记录，在检查结束后做好调研总结，并把检查结果和备课组长记录复印件一份送教务处。

2. 评委集体评议

接受检查教师全部退场，由检查组根据科任老师的汇报，进一步核实检查教学资料，做专项等次评价，汇聚亮点经验，最后综合评分。

（1）评定专项等次

检查组对教师的教案、听课、测练题、作业、作文逐项评价，评价等次为"优""良""中""差"，专项等次由3位评委集体讨论后评定，其中，评为"优"或"差"的必须说明理由。

（2）发现亮点经验

评委要认真检查，重视发掘教师的突出亮点，做好记录，以便在一定范围内推广。

（3）评定综合得分

综合评分满分为 100 分。每次检查由学校检查评委组成员评分，3 名评委分别无记名评分，评委评分时先确定其等次，然后在对应等次分数范围内给分。各等次分数范围：优 80~100 分，良 70~79 分，中 60~69 分，差 59 分及以下。以平均分为教学检查的综合得分。

评价表如下：

20__—20__学年度第__学期蓝田中学教学检查评价表

科任教师：　　　　　　年级：　　　　　科目：　　　　　　年　月　日

项目	等次评定					说明
教案	等次	优	良	中	差	
	评定					
听课	等次	优	良	中	差	
	评定					
测练题	等次	优	良	中	差	
	评定					
作业	等次	优	良	中	差	
	评定					
作文	等次	优	良	中	差	
	评定					
说课	等次	优	良	中	差	
	评定					
综合评价	评委 1 评分		评委 2 评分		评委 3 评分	平均分

3. 听课式检查

这是公认的能更好地直接了解教师课堂教学准备充分与否，教学能力、课堂组织应变能力高低和课堂教学效果好坏的检查方式。组织开展听课式检查技术难度不大，教师个人也能接受，但若是整个备课组都安排逐一听课，则耗时太多，时间跨度较大。故这一检查方式应在一定条件下实施。

有下列情形之一者，实施听课式检查：行政会决定突击实施的；教师教学成绩特别好或特别差的；学生反映教师课堂教学存在若干突出问题的；接受检查的备课组人员较少的；上级教育部门莅校检查听课或教师承担区以上公开课的。

（将要检查的评委陪上级专家、领导参加听课，并作为今后教学检查综合评分的依据之一）

4. 面试式检查

设计学科专业问题、教育教学方法技巧问题对受检查教师谈话提问，从面试了解教师学科专业水准、教育理论素养，以及备课组教师集体教研学习交流的层次情况。这一项是对教师能力水平的直接检查或称为考核。此项检查可以直接考核教师教学能力和科研水平，有利于推动教师加强学习，提升业务能力。较高水准的面试式检查录像资料还可以成为校本教研的珍贵资料，可以极大地推动教师专业发展和校本教研的开展。此项目是学校教学检查的新事物，全体教师还需要有一个了解、认识、最后接受的过程。初期开展宜走高端路线，即由各科组选派精英，以大赛形式开展，然后精品音像资料发给各备课组观摩，最优秀的成果则组织全校教师观看学习。在全体教师了解这一检查项目流程、形式之后，再逐步普及，以至常态化开展。

三、保障教学检查效果的原则和策略

（一）原则

学校教学管理工作必须尊重教育规律，必须有章可循。要搞好教学检查必须坚持科学高效原则、客观公正原则、以人为本原则，才能事半功倍，收到实效。

1. 科学高效原则

教学检查要符合新时代教育立德树人核心要求，服务于提高教学质量，顺应教育现代化潮流，符合新课标要求，在提高教学检查质量的同时，把教学检查与集体教研有机结合，把教学检查与检查反馈融为一体，以高效的检查推动集体教研良性发展，推动教师专业生态的优化发展，推动学校教学改革和教学经验交流共享。

2. 客观公正原则

教学检查的威力在于检查结果的客观公正，可信度高，这样，教师就会重视，就会全力以赴投入教学实践，争取更好的教学业绩和效果。要强化教学检查评委库建设，通过评委组实事求是、客观公正的检查，力争使教学检查可信度高于一般的教师投票评议和学生问卷调查，并比短期成绩评比更可靠，使真正优秀的教师脱颖而出，使教学检查结果更权威，并为教师所普遍接受。

3. 以人为本原则

教学检查应遵循教育发展规律和人才成长规律，应以人为本，以严格管理推动教师专业发展，以教师的发展和潜能的充分激发来推动教学质量的提高，推动教育事业的发展。要在教学检查中创造一种和谐的氛围，让接受检查的老师畅所欲言，充分发挥其水平。对于检查中教师存在的一些问题，要具体分析，原则性错误必须彻底纠正，一些新教师容易犯的错误则在纠正的同时多加鼓励，对于一些教学改革探索出现的失误则要营造宽容进取性失败的氛围。一方面要严格遵守原则、执行纪律；另一方面要给认真敬业和积极探索的教师足够的发展期待和宽容，使教师能在和谐有序的环境快速成长。

（二）策略

教学检查工作有效开展也离不开动态把握，要适度调节干预，注意调动多方积极性，灵活运用机制实现教学检查效果最优化。

1. 加强领导

要使教学检查富有成效，首先必须加强领导。高规格的教学检查领导机构才能引起教师重视，也使检查评价结果更有权威性。学校行政人员参加到检查组，开展教学检查，对教学检查的顺利进行起了保障作用。行政人员自身在接受教学检查中成果和表现也具有强烈的示范效应，因此，加强领导是搞好教学检查的首要环节。

2. 选好评委

教学检查卓有成效有赖于专业敬业的评委团队。每检查一个备课组，评委组一般为3人，评委组织检查的规范程度，评价的客观公正程度，影响了检查的导向和效果。因此，教学检查评委团队至关重要，必须认真慎重地挑选，评委库入选资格一般设定为学校行政人员和当年度备课组长。学校除了在入库上严格把关外，还要增强评委的责任感和荣誉感，使其倍加珍惜参加教学检查的有关项目安排。另处，学校在适当时机，也可外聘专家评委有针对性地对学校一些备课组进行诊断性检查。

3. 落实反馈

教学检查汇报反馈的重要性原理，在本文已多次强调，班主任工作、教研组和备课组工作、高考备考工作等已证明，定期集中汇报能大大推动这些工作良性发展，故我们把汇报引入对教师的教学检查工作。同理，对评委组工作的有力推动也在于汇报反馈。评委组的反馈汇报，既能推动评委组更加扎实地工作、创造性地工作，也给接受检查的老师一定的压力，使其更加重视配合学校的教学检查。

4. 表彰教师

教学检查新方式大大提高检查可信度之后，要对检查中表现优秀的教师进行表彰，使在检查中表现突出、认真敬业的教师，在评优选先、新年度备课组长的聘用、教学检查评委的选拔等方面得到优先权。

5. 突击检查

教学检查对教师教学教研工作具有管理督导功能，若固定时间检查，或教师预知时间，将导致教师检查前应付式准备，检查后放低要求、马虎应付。教学检查管理功能将大打折扣。因此，保障检查有效性必须采取突击检查，循环突击检查，最后辅以期末的全面资料检查。突击检查常态化才能使教师始终保持敬业爱岗教师所应有的工作常态。

总之，教育现代化和教育改革对教师教育教学和学校管理提出了全新的要求，学校教育管理必须把重点放在教师教育教学关键能力的提升，充分发挥教学检查的督导、激发、提升功能。只有大胆探索，积极思考，实事求是地面对和解决困难和问题，与时俱进，不断改进工作方法方式，开创现代教学教研教改新局面，新时代立德树人的根本目标才能实现，校园才会充满活力。

"三驾马车"助力学校
抢占区域教学教研高地

在新时代到来之际，机遇和挑战是并存的，迎接挑战是一种必然，而把握机遇，则是一所学校在新一轮洗牌中崛起的前提。在新的教育背景下，我审时度势，根据蓝田中学的实际情况，于2015年提出"以高考备考为根本，以课题研究为科研突破口，以微课作为课堂的重要补充"，用这"三驾马车"助力学校抢占区域教学教研高地的工作思路。近年来，我们咬定目标不放松，一步一个脚印，在教学教研方面取得了突出成绩，成为区域性农村普通高中的标杆。

☀ 一、以高考备考为根本

如果说办学质量是学校的生命，那么高考成绩就是这个"生命"的灵魂。我校一贯提倡"备考备三年"，以"全员参与、合理分层、提前介入、集中冲刺"为备考思路。通过近年来的致力打造，目前，我校已树立起高考一盘棋、上下一条心的大局意识，不搞单干，班级与班级之间、科组与科组之间、教师与教师之间形成一个整体，发挥团体备考优势，全力拧成一股绳，为实现目标而努力。通过教务处分解考纲、教研组研究考纲、备课组落实考纲，合力备考，以有效落实为重点，在落实中出效益。

（一）推进教学循环，人本备考

"流水不腐"，教学循环能增强学校教师教学教研活力。在深思熟虑

的基础上，学校制订了推进教学循环工作方案，有计划、有步骤地朝既定目标迈进。学校通过各种场合向全体教师阐明教学循环的必要性，创新竞争机制、奖惩机制，使教师处于不进则退的压力中，激发教师的进取心。同时，为新教师提供更多锻炼和提高的机会，用好的制度缩短新教师的成才时间。经过近几年的打造，学校已有85%以上的教师能够胜任三年循环教学，一支强有力的教师队伍迅速成长，为蓝田中学的可持续发展奠定了坚实的人才基础。

（二）确立"基础为本，能力第一"理念，精准备考

根据我校学生基础整体较为薄弱、生源质量参差不齐、偏科现象较为严重的实际，我们在备考的过程中依据《全国新课标考纲》、考试说明，紧扣课本，抓住重点，落实考点，把握知识的高度、深度和广度，讲透最基础知识、最基本概念，构建基本知识网络。学会运用、活用最基本的知识，做到基础为本，能力第一。同时，我们不断加强高二级备考工作，做好规划，实现高二级后阶段教学和备考与高三级第一轮复习接轨。以全市会考总复习计划监管和教学检查，以与高三联考、采用滚动训练等项提前"高三化"举措，提高教学备考质量，壮大"新高三"的实力。实践证明，确立正确的理念使我们有效克服了近年来高考备考短板，不断取得新突破，再创新辉煌。

（三）强化备考计划，科学备考

有了人才基础，有了理念指导，接下来我们重点推进"制订科学合理备考计划"的工作。要求各备课组做好专题复习及冲刺阶段备考规划，特别是进度安排、模块次序排列组合、测试规划、辅导计划、培优转差计划等。为确保计划不打折扣，又能根据实际情况及时调整，学校适时召开高三级高考备考会、家长会、高三学生级会、中上层生会议，并在高三级学业水平考试放榜之后至一模考试之前组织高三级全体班主任和科任老师对中上层生进行家访，加强家校联系。经过近几年的努力，在备考工作这一块，学校的工作规划能够通过教研组工作计划、备课组备考计划、班级备考计划、学科备考

计划层层传递、层层分解，不走样、不变形、不递减，使备考工作实现科学化、条理化，有章可循，忙而不乱。

（四）提供优质的资源保障，轻松备考

建立和完善功能室。充分利用实验器材、教学装备，落实演示实验和分组实验；加强英语听说（人机对话）的训练，争取在高考实验题、英语听说（人机对话）上多得分。

实现教育信息化。近年来，我校新增中学计算机室2间，共投资64万元；网络多媒体教室16间，共投资44.8万元；录放室设备2套，共投资70万元；宽带出口近1G，实现了教室、功能室网络多媒体设备全覆盖，为信息化教育保驾。同时，新增教师计算机50台，共25万元，实现了全体教职工人手一台笔记本电脑，是全区第一所实现教师全面配套笔记本电脑办公、教学的学校，为提高教育教学质量提供了现代化教学条件。

提供资料，引进先进理念。为每个教研组配置有关教学杂志，科任教师选购的教学用书到图书馆编号之后借出使用，书款在学校报销。学校也拨出一定资金，增补图书馆藏书，为师生的学习、提高提供条件保障。目前，图书馆藏书总数130480册，生均藏书41.4册，达到省一级学校的要求。每年组织教师学习有关促进教师专业生态优化发展的书籍、文章，其中专著不少于两本。

全面更换学生课桌椅。近年来，我校全面更换学生课桌椅3000套，共投入72万元，实现一人一椅一桌。

（五）加强考试管理，高效备考

我们把每节自习课（甚至早读课）都当作考试对待，把每次考试都当作高考对待，力争做到"自习考试化，考试高考化，高考平时化"。优化课时安排，开足课时，优化学科结构，加强课堂实效性监管，把时间的利用精确到分。

学校要求各备课组加强测试训练，以考促练，以考促学。以考、练培养学生能力。每周星期六将继续举行文理综测试，每三周举行一次阶段考，

各备课组要充分利用早读课时间加强语文、英语科的朗读和背诵，利用下午第九节开展专题小测，特别要强化客观题、中低档题的流动训练，使学生实现对基础知识、基本技能的滚动复习和训练。坚持评讲常态化，习题、测试题都做到"有练必改，有改必评，有评必纠"，使训练测试能做到真真正正取得实效。教师要做好选题、命题这篇文章，力求做到精选、精编、精练。

真实的数据才能反映真实的水平，才能为备考决策提供有效的参考，为此，学校严格监考工作，严肃考纪考风，实行集中流水评卷。考后，备课组长、科任老师都要认真做好质量分析，通过整体分析、典型解剖，深度了解学生知识能力方面的优点和不足，以利于复习有的放矢、查漏补缺，并适时调整备考策略。

我校在全市率先采用网上阅卷，利用大数据开展学生成绩跟踪，优化教学成绩评价体系。

同时，学校要求班主任、科任老师都要密切关注成绩波动较大的学生，对成绩明显下滑的学生做好心理疏导。

（六）落实培优扶弱，提质备考

学校制定了狠抓临界生，不放弃后进生，力争全面提高的策略，要求建立学生成绩跟踪档案，做到分类指导、全面推进。建立"一批临界生"成绩跟踪档案，"二批临界生"成绩跟踪档案，并给有关老师下达培优转差任务。各级建立成绩连续下降学生名册，由班主任、科任协作限期培优转差，设立中考600分以上学生名册，进行成绩跟踪。对于临界生，重点要关注本科临界层，全力纠正三个失衡点：语数英总分与综合科总分名次的失衡（症结在时间分配与学习方法）；体育生、艺术生文化成绩与术科成绩失衡（症结在基础差）。复习指导上要采用个别辅导、卷批、面批的形式，使学生在学科纠偏上达到最大值。

（七）完善奖励机制，激励备考

学校将进一步完善激励机制，调整高考奖励制度，激发师生奋力拼搏，提高教学质量。奖项包括：名额奖、学科奖、拔尖奖、单科特别奖等。其中，名额奖侧重引导班级教师团结协作，扶持本科临界生和三A临界生；学科奖侧重引导备课组教师团结协作，激发教师的备考教学潜能；拔尖奖、单科特别奖侧重引导教师培优，夺取学科高考制高点。

实践证明，在力促学校提质升级的过程中，我们的思路是正确的，方法是有效的。近十几年来，蓝田中学不管是高考上线人数、上线比率，上本科线人数、上本科线比率，还是尖子生的培养、临界生的扶持，等等，都取得了显著的成绩，各项指标快速攀升。优异的高考成绩使蓝田中学在全市乃至整个粤东地区同类学校中脱颖而出，成为区域性农村普通中学的典范。

二、以课题研究为科研突破口

注重科研是现代办学的理念之一，也是学校生存和发展的动力所在。农村学校要跟上新时代教育要求的步伐，实现教师的专业发展，就需要有突破口，而课题研究就是最好的突破口。近年来，我校不断探索形成具有蓝田特色的课题管理模式和课题研究模式，使课题研究逐步走上规范化轨道。鼓励青年教师都积极参与到课题研究中来，以点带线，以线带面，并逐步形成"课题从教学实践中去选，研究到教学过程中去做，答案到教学活动中去找，成果到课堂教学中去用，效果在教学活动中去验"的研究氛围，助力教师站稳讲台，并形成自己的教育教学风格。

（一）探索课题管理模式

我校制定了《揭阳市揭东区蓝田中学课题研究指导意见》，包括指导思想、相关要求及资源支持等，探索形成我校课题管理模式。在要求方面，我们提倡"七个打破"，即：打破"人情"规则，让有能力、有兴趣、积极主动的人上，不搞挂名；打破"逢课题全组参加"的规则，可以自由组合团队；打破"敷衍应付"的习惯，要干就干出水平、拿出成果；打破"论文和结题报告为研究成果"的固定思维，大力鼓励、支持出版专著，支持研究成果的落实和推广；打破"一个课题团队由同科组教师组成"的习惯，可以由不同科组老师自由组织团队；打破"课题由学校指定分配"的做法，探索形成"自

主报名进行PK"和"学校调控分配"相结合的方式；打破"研究成果按职务高低排名"的潜规则，研究成果由课题团队民主决议，以"按贡献大小排名"为原则进行排名。

资源支持方面。我们提供"三个支持"。一是人力资源支持：依托"教师专业发展学校"的优势，逐步打造专家资源库，对我校教科研工作进行指导，接受咨询。同时，教科室联合教务处全程跟踪、指导、支持。二是经费支持：每个课题组根据研究需要，可提交经费使用申请（如购买书籍、下载资料、外出活动等，不限申请次数，不设上下限）；课题专著的出版、课题论文的结集出版学校将视成果质量予以大力支持。三是其他支持：专著出版发行的，召开一定级别的研讨会，以及通知有关媒体予以报道；在教科研做出成绩的，经学校行政会讨论研究，将在职称聘任、评优选先等方面予以适当加分和优先考虑。

（二）探索课题研究模式

我们制定了《揭阳市揭东区蓝田中学教育教学研究课题管理手册（试用）》，探索形成我校的课题研究模式。在《管理手册》中，我们按课题研究的规范要求设置相关表格、资料，要求课题组按顺序把课题基本情况介绍、立项通知书、研究方案、开题论证记录、开题报告、研讨活动及会议记录、课题组外出学习活动及体会、研究课记录表、教育个案的研究记录、同年级实验班和对照班成绩对照表、阶段性小结、中期报告书、课题组成员相关成果记录、结题报告、研究参阅资料、结题申请书、成果鉴定记录表、结题证书、其他佐证材料等汇集成册。使课题研究有章可循，避免了盲目性。

（三）及时反思调整

为了总结反思以往课题管理、课题研究的组织工作，为我校教师提供较为系统的借鉴参考资料，也为了把我们的经验与兄弟学校分享，共同努力为教师专业化发展构建更新、更有效的平台，我们编写了《农村教师课题研究的方法与实践——基于揭阳市揭东区蓝田中学课题研究与管理的探索》。学校不定时把课题的成果汇编成册，编写成《蓝璞·教师发展》增刊，印制给

各课题组成员，并分发到全校备课组，及时推广研究成果。

研究的根本目的在于应用、在于实践、在于转化为教育教学效果，因此，通过我们的努力，助力老师们勇于挑战自己，进一步激发自身的潜能，站在更新更高的起点上，放手创新、敢于尝试、大胆实践，去发现和审视教育的实际问题，挖掘更多更好更有价值的研究课题，在教育科研的道路上实现教与学双赢的目标。同时，我们也通过编写材料，打造配合默契、切磋琢磨、共同进步的团队以及团结、和谐、奉献的团队精神。分享成果，启迪智慧，我们期待更多智慧的碰撞，把我校的教育科研工作推上一个新的台阶。

（四）做好研究指导

学校教科室充分利用蓝田中学是全市首个教师专业发展学校的有利因素，积极构建学术咨询专家库，为学校的教科研工作提供学术支持。有计划地购买了一批课题研究指导论著，能够为教师的教科研工作提供文献支持。选择课题、撰写课题方案要有一定的教学理论和对教学有较深的思考，因此在实际操作上还是会出现很多问题。对于教师们出现的问题就要细心指导，为他们铺路搭桥。教师将课题资料上交后，教科室对各类课题进行论证，对每个课题提出修改意见，并进行分类汇总。教师课题资料准备及研究过程中反映出来的问题是各种各样的，有些教师在集体指导后还是出现或多或少的问题，再由教科室一对一进行指导，提出明确的要求。

作为农村学校，在科研方面存在着诸多掣肘，目前尚处在摸着石头过河阶段，因此在新增课题上，我们较为谨慎，步子不宜迈得太快。我们确立了"确保质量，稳扎稳打，积极主动，有序推进"的工作思路，密切留意各级教育科学研究管理机构发布的一些教育科研课题指南，鼓励教师提出符合自己实际情况的课题并积极申报。

至目前，蓝田中学现有课题（包括已结题）：国家级子课题1个（该课题"开展足球活动若干问题的探讨"获得课题科研成果一等奖，有效破解了足球特色学校的发展难题），省级课题7个（其中子课题1个），市级课题3个，区级课题13个。市、区教育局有关领导和专家认为：从课题的管理、支持，课题立项的级别、数量，以及课题研究成果的质量、应用等方面综合

考量，蓝田中学的校本课题研究在揭阳处于领军地位。

实践证明，开展课题研究，对于激发教师潜能，提高教师教育教学能力，对于打造专业发展共同体，进而实现团队和谐可持续发展，都具有重要的作用，对学校探索新的发展极，未雨绸缪积极应对新一轮教育改革具有重要意义。

☀ 三、以微课作为课堂的重要补充

近年来，我校大力推动微课开发和应用研究，争创区域微课研究高地。在广东推进教育现代化给农村中学教学条件带来革命性变化的大好形势下，我校组织教师大力推进微课制作创作活动，以此带动现代教学方式的研究和构建，提高教师对教学重点难点的突破能力，并取得一批显著成果。

微课是指以视频为主要载体记录教师围绕某个知识点或教学环节开展的简短、完整的教学活动。主要包括微课视频、微教案（教学设计）、微课件、微习题（试卷）等。我校把微课定位为一种教学资源，作为课堂教学的有效补充。为促进教育教学资源多元化、优质化发展，提升资源使用效益，推动信息技术与教育教学的全面深度融合，我校致力于打造学校微课团队，成立蓝田中学微课制作小组，着力打造微课资源库。并积极开展课题研究，引领微课活动有效开展，微课制作小组先后承担了4个省、市、区课题。通过微课特色建设，我校教师打破了固有的思维模式，积极探索构建师生教与学的新方法、新模式，并把微课运用于高考备考中，把一些重点题型、重难点知识制作成微课，通过教室多媒体、QQ群、微信群等途径向学生传播，巩固了学生对知识重难点的掌握，取得较好的教学效果。

学校鼓励教师研究如何有效地用好微课资源，如何有效配合课堂教学提高教学质量。鼓励教师制作微课作为学生课前预习资源，课后研习素材，要求教师在课堂使用微课时，务必坚持师生互动、发挥学生主体作用这一原则。把推进微课进课堂作为现代教学方式改革的突破口，实现教学质量的提高，力争使学校成为充分利用现代教学装备，推进教学现代化的标兵。目前，我校微课团队共有50多人次获市级以上（其中国家级9人次），所取得的成绩在揭阳市处于遥遥领先的地位，为我市农村普通高中探索基于互联网的现代

化教学手段起到示范引领作用，同时在学生如何合理使用手机和网络方面的研究也取得一定进展。2016 年 6 月 20 日《揭阳日报·教育周刊》刊发专访文章《着力打造微课特色学校》，高度评价了蓝田中学在微课特色学校建设中取得的成绩。2016 年 9 月 12 日，梅州市曾宪梓中学校长李炜豪带领教研团队，慕名前往蓝田中学，考察学习有关课题研究和微课特色学校的建设经验。

　　在近年开展微课制作培训、制作比赛取得一定成果的基础上，我们准备进一步推动微课制作常态化，把微课制作由一部分人的活动推向全面普及，微课制作逐步由比赛带动改为课堂教学需要带动，使微课制作由"实验室"真正走向课堂。如今，我校已建立起微课资源库，这一教学资源成为教师教学和学生学习重要的补充，有效地提高了学校高考备考效率，并提高了我校教师现代教学技术水平，开发出教与学的新方法、新模式，教师们在学校今年开展的现代教学技术示范课中各显风采、广受好评。我校借助在微课研究取得的成功经验，未雨绸缪地开展对新一轮课改的研究，准备迎接新课改的到来，对广大普通农村高中如何破解新一轮课改难题将起到引领示范作用。

发挥学生主体作用，追求现代教学最高价值
——从教以来教学反思的不变主题

现代教学最高价值是培养学生的创造能力，学生在教学过程中主体作用的最高表现形式是创造，因此，发挥学生主体作用一直是教师提高教学质量和教学改革实现现代教学最高价值所瞄准的目标。而充分发挥学生主体作用又与正确发挥教师主导作用关联密切，无论是装备变革——从传统教学手段到多媒体现代教学手段，还是教学改革——从传统教学到新课程改革，教学始终无法绕开教师主导作用和学生主体作用这一主题。从教以来我不断反思如何充分发挥学生的主体作用，发挥学生的潜能，培养学生的创造能力，提高教学质量。从实践到反思再到实践，不断提高了认识，获得了新策略、新方法，切身体会到教学艺术方法无止境。

☀ 一、传统教学盛行时代：合理控制教师讲解时间，为学生创造参与课堂的机会

（一）困惑：为什么取得成绩后，成绩又徘徊不前

20 世纪 90 年代，我开始从事教育教学工作时，传统教学盛行，课堂教学手段是黑板＋粉笔，教学理念是课堂向学生灌输知识，单向灌输、满堂灌的形式普遍盛行。凭着一股爱岗敬业的工作热情，本人在最初三年取得了良好教学成绩，获得学生和同事好评。然而，接下来在从事教学工作的第四、五年，出现了教学成绩徘徊不前的困境。本人从教以来对教学工作的第一次困惑出现了。

本人工作热情不减、学科专业能力因教学实践不断提高，这是毫无疑问的，但为何教学成绩、质量徘徊不前、难以取得新突破？我开始对我的教学工作各个环节进行回顾、审视、反思，最后锁定一点：几年来对学生主体作用的发挥越来越不充分。最初三年凭着敬业热情，加上把自己学生时代的学习方法介绍给学生，很快能取得成效，但是随着教学经验的积累，知识体系完整确立起来，典型题、一题多解案例等越积越多，学科专业知识渊博起来，导致课堂满堂灌成常态，满堂灌仍感时间不足，又影响了教学进度，这种情况下，学生在课堂教学的主体作用就无从谈起了，讲得多了，教学质量反而没有保证。

（二）破解对策：让学生参与课堂

正如张声远所说，成功教学有三个要素：一是以学生为起点，二是以学生参与为基础，三是以学生获得知识、获得智慧、获得良好人格为目标。教师患上"博学症"自然会挤占课堂时间，影响学生的课堂参与程度。症结找到了，我马上采取了以下措施：第一，严格控制课堂讲授时间，每节课腾出约20分钟时间让学生思考互动、练习巩固，让部分学生上讲台做题展示。第二，营造民主开放的课堂氛围，尽量开展课堂教学中师生互动交流，活跃课堂气氛，提高教学效果。第三，让学生有备而来，推行省时高效的"隐形交流"，布置学生预习，提前分发问题、练习题，让学生预习、思考、准备，练习题务必学生先做，然后才评讲。这样，课堂教学变成相关内容的师生交流活动，表面上学生在课堂上只是倾听，但一节课下来，相关课题、问题、习题的交流就完成了。通过一系列强化教学中学生主体作用的努力，教学质量迅速提高，很快达到顶尖水平。

二、新课程改革时代：恰当发挥教师的主导作用，给学生自主、合作、探究的机会。

（一）困惑：新课程改革怎么改

新世纪之初，新课程改革在我国逐步铺开，实施之初，很多教师不适应：①和旧教材比，新教材知识体系不完整，怎么使用？

②学生自主、合作、探究如何有效展开？

②教师主导作用如何发挥？

我和许多教师一样，有过一个困惑期，经过学习、实践、探索、反思，逐步破除了困惑，形成了应对新课改的认识和对策。

（二）破解对策：恰当发挥教师的主导作用

1. 教师主导作用不要用来复辟旧课程

我校开始新课程改革之初，我和许多同事一样陷入了困惑，对照原来的课本，一些知识要不要补上？如补上，课时又很紧，不补上，又不放心，今后学生能否有效应对考试？一位任教多年经验丰富的教师毫不犹豫地说，应补上。但是，如果补，新课标要求的自主、合作、探究如何展开？新课程又有何用？我收集有关资料进行思考研究，终于明白，新课程有其完整的设计体系，不用补，要补是用老一套教材观考虑问题，没有跟上新课标的步伐。试想，一个刚从院校毕业的新教师，他就没有新旧教材对比的强烈反差，他肯定不会考虑到补老教材的知识，那又怎样呢？地球还不是照样转！新课改背景下教师不能任性乱作为。

2. 教师要转换课堂教学角色地位

新课标下，教师角色有很大的变化，教师继续"满堂灌""一言堂"是不允许的，但把课堂给了学生，放手让学生"自主探究"，学生想到什么就说什么，称之为是"张扬学生个性的教学"。教师对课堂不指导、不组织、不参与、不服务绝对不行！因为这样课堂将乱而无效，教学目标将无法达到。教师的主导作用仍是教学中不可或缺的，教师不能消极不作为，而应积极地合理作为。

（1）摒弃课堂教学主体的教学模式，摒弃权威者的角色，以指导者、组织者、参与者、服务者的角色进行教学活动。

（2)把课堂教学中心还给学生，提倡自主、合作、探究，做学生自主学习、个性发展的引导者、辅导者。

（3）由知识传授者变为学生发现知识的推动者、促进者。

3. 拓展教师主导作用的新内涵

新课标下，教师角色有很大的变化，有人说："教师一定要追求一种课堂执教的最高境界：'行到水穷处，坐看行云起。'学生能自己理解、自己发现、自己表达的，教师就给他们充分表达的时间和空间，要在学生最需要的时候进行点拨、指导，就是学生画龙教师点睛。"诚然，这符合新课改的精神，但问题是，既然要多给学生时间和空间，那么教师发挥主导作用的空间和时间是不是就变小和减少了呢？答案是否定的。事实上，随着新课改的展开，教师主导作用有了新的内容。

（1）激发学生学习动机，保障学生有效合作，增强学生探究动力

新课标下教师主导作用仍不能忽视，随着学生主体地位的强化，学生的主动性、自主性、合作探究这些因素、环节的正常展开，需要教师培养和保护，教师在课堂内外，对学生学习动机的激发，学生小组合作的有效组织，学生探究动力的调动，有效地营造学习思考的氛围、创新的氛围并持之以恒，将是更艰巨的任务。

（2）整合资源，开展探究和实践活动

寻找各种资源，向学生提供足够的背景资料，设计学生感兴趣的探究项目、活动项目、实践项目。以活动以项目带动学生不断探究学习，自主发展，培养学生创造精神和实践能力。

在我的大力倡导和组织下，我校各教研组、备课组开展新课改再学习、再研究活动，教师转变观念、转换角色、强化责任，贯彻课堂中自主、合作、探究基本要求，我率先推出的"成果展示—合作探究—自主发展"课堂教学模式在学校形成了示范效应，该模式为多数教师模仿采用，学校教务处大力推广，在全校各科课堂教学实践中广泛运用，取得显著成效，使我校顺应教改潮流，教学质量进一步提高。

三、多媒体教学初兴时代：探索课堂教学新模式，保证学生主体地位不动摇

（一）困惑：多媒体教学效果不如使用传统教学手段

我校是一所普通农村中学，多媒体教学平台装备较晚，多媒体装备普遍

进教室则是在利用教育创强的机遇得以实现。近几年多媒体教学在我校逐步开展，我对多媒体教学手段也有一定程度的运用。多媒体教学令许多教师感到课堂效率大大提高了，很多学生也对多媒体教学感兴趣。但是初期，我校多媒体教学效果却未获普遍肯定，多数教师和学生认为播放效率是高了，知识点却无法巩固落实，教学质量无保证。这是一个非常严重的问题，有效性是课堂教学追求的最高境界，无效就要抛弃，但先进的多媒体教学手段是不能抛弃的，因为多媒体教学即将成为课堂教学新常态，将引发教学方式的革命，不用、不善用多媒体将落后于时代！不能埋怨设备，应从人的因素——老师和学生方面找原因。

（二）症结和对策

影响多媒体教学效果的因素必须探明和解决。经过对师生调查了解，以及对自己多媒体教学的反思，发现主要有两个方面：

1. 传统教学手段时代的教学方式套用于多媒体教学，限制了多媒体优越性的发挥

那个时候，多媒体教学刚刚兴起，大家都缺乏经验，与多媒体教学手段相适应的教学方式尚未形成，老师自然而然地把传统教学手段下的教学模式套用过来，于是，弊端就出来了：教师利用多媒体进行"信息轰炸"，传统教学的满堂灌中的"人灌"升级为"电灌"，学生对基本知识点反而无法巩固、消化，学生重新处于被动接受的地位。

对策：开展多媒体课堂教学有效性研究，尽快形成与多媒体教学相适应的教学方式。我提出，新教学方式的特征应包括：①学生提前获得相关问题资料，有备而来；②多媒体高效省下来的时间坚决转为学生现场思考探究的时间；③学生学习主动性得到发挥，自主、合作、探究得到彻底落实；④有利于培养学生的创造能力。

2. 教师与学生参与课堂的工具手段不对称

教师由黑板＋粉笔升级为多媒体，但学生的工具并没有升级，这种不协调也制约多媒体教学效率的发挥。一些典型问题、重点问题解析，一旦学生要求记录，就会退回到黑板时代的效率水平。

对策：让学生获得与教师对等的工具，这一问题解决的根本办法是让学生使用电脑，学科有公共电子邮箱，学生在家也能享有微课视频资源等。这有待于未来一段时间逐步实现。

在我的坚持和组织下，我校各教研组普遍开展多媒体课堂教学有效性研究，多媒体课件制作的基本方法、原则规范，多媒体教学的理论基础，有效运用多媒体手段的策略方法得到传播和接受。随着教育创强，我校多媒体装备全面进教室的时候，我校教师已能普遍并有效地使用多媒体教学手段，特别是高三复习课使用多媒体教学效果得到师生肯定，为我校提高教学质量、高考取得优异成绩做出了贡献。

从教以来，我在教育教学教研工作中取得了不少成绩，也不断出现新的困惑，只要我们勤于学习探索反思，总能找到解决问题的策略方法。只要我们明确教学最高价值，我们就会知道我们负有充分发挥学生主体作用的使命，人的潜能、人的创造性是巨大的，我们必须根据新的时代条件，与时俱进，对教师主导作用和学生主体作用进行内涵充实和外延扩张。教无定法，学无止境，只要我们不断实践和反思，我们就能推陈出新，不断取得新的成果，为教育事业做出更大的贡献。

揭阳市揭东区蓝田中学
推进教育现代化工作情况汇报

近3年来，我校按照《广东省人民政府关于推进我省教育"创强争先建高地"的意见》（粤府〔2013〕17号）、《广东省推进教育现代化先进县、市督导验收办法》及《关于印发〈揭东区创建"广东省推进教育现代化先进区"工作实施方案〉的通知》（揭东委办发〔2016〕1号）的有关要求，在巩固发展我校教育"创强"成果的基础上，一手抓硬件配套，一手抓软件升级，不断推进教育现代化建设。现将有关工作汇报如下：

一、提高依法治校水平，践行现代教育理念

（一）创建"广东省依法治校示范校"

依法治校是学校管理实现制度化、规范化、法治化的必由之路，是践行现代教育理念、实现教育现代化的重要保障。近年来学校依法治校工作不断取得新的进展，具有区域性示范作用。

1. 制定出台《揭阳市揭东区蓝田中学章程》

我校非常重视学校章程的研究起草工作，根据《关于印发揭东区加强学校章程建设工作方案的通知》（揭东教字[2015]76号），按照民主、公开的原则，成立了由李永亮校长为组长，学校领导班子成员、教师代表、学生家长代表、学校法律顾问等为成员的学校章程起草小组，负责章程起草工作。

从2015年9月开始，章程起草小组依据学校特色，分析学校情况，针

对社会对现代教育的需求，在广泛调研、座谈的基础上，起草了章程征求意见稿，向学校各处室、向广大师生征求意见，形成章程第一草案，提交行政会征求意见，之后经过修改产生提交全体教职工大会审议的第二草案。在起草过程中，章程起草组先后召开多次研讨会，完成研究起草学校章程草案的任务。在草案的起草过程中，有关法律问题是在学校法律顾问李庆华律师的指导下进行的。

《揭阳市揭东区蓝田中学章程》经揭东区教育局审核并同意实施后，正式公布实施，为学校进一步探索现代农村普通高中管理的有效途径，全面深化改革和推进依法治校工作提供了制度保障。

在学校章程正式实施之后，我们着力学校各项规章制度的修订升级，目前，《揭阳市揭东区蓝田中学制度汇编》（征求意见稿）已完成，近期将提交学校教代会审议。

2. 依法治校、规范办学

我校成立了依法治校、规范办学工作领导小组，实行"一把手亲自抓，分管领导重点抓，政教处具体抓，各处室分头抓"的组织机构。在全区教育系统率先实行行政人员挂钩班级的工作制度，形成了职责明确、各司其职、协调配合的组织领导机构，形成层层抓落实的高效运行机制，政令畅通，令行禁止，依法治校工作有序推进。领导小组定期研讨工作，使依法治校、规范办学工作与学校各项工作计划同步实施。为完善组织架构，2013年，学校第一个在全区教育系统聘请常年法律顾问。

学校高度重视在管理决策中贯彻法治理念，在工作规划中融汇依法治校、规范办学思想。2010年，学校在全县率先提出"依法办学、规范办学，依法治校、依法执教"口号，也是全县第一个依法依规制定纲领性规划的学校。我们在制定《揭东蓝田中学五年事业发展规划（2011—2016）》的基础上，形成依法治校实施系统方案，落实系统措施。随着《规划》的稳步实施，蓝田中学在新的历史时期，及时调整了发展思路、管理模式，在传承、创新、发展中展示厚重而独特的风采，在蓝田中学的发展史上绘就浓墨重彩的篇章，取得了决定性胜利，"依法办学、规范办学，依法治校、依法执教"口号也得到全面落实。

3.学法、知法、守法

我校在普法教育工作中做到"两手抓，两手都要硬"。一手瞄准教师法律素质提高，抓好法制教育队伍建设。通过普法宣传和学习，学校教职工法律意识明显提高，学校形成学法、用法、依法办事的良好风气。一手瞄准中学生法律知识普及，抓好法制教育宣传。把课堂德育和普法渗透当作德育工作的重中之重。充分发挥政治课、心理健康课、班会课等传统德育和普法课堂的作用，培养学生健康的品格和现代公民精神。在学科教学中，认真落实"情感、态度、价值观"的课程目标，结合学科的特点，实现教学、德育与法制有机融合。

2017年12月，顺利通过"广东省依法治校示范校"验收。

（二）提炼蓝田中学核心文化

学校竞争的本质是文化的竞争，而文化竞争主要是核心文化的竞争，因为一个学校的核心竞争力往往是其核心文化的体现。蓝田中学有着悠久厚重的历史，我们在传承优秀历史文化的同时，与时俱进，勇于创新，用心打造校园核心文化，从物质文化、制度文化、行为文化、精神文化等四个方面推进"平安蓝田""美丽蓝田""魅力蓝田"建设。把教师专业发展作为学校发展的根本，构建教师专业发展共同体，逐步实现从重视个体评价向团队评价转变，助推教师抱团发展、专业发展。

项　目	内　容
学校校训	尊师守纪勤奋创新
学校校歌	姜春阳作曲、倪永东作词《放飞青春》
办学目标	兴教育才、激发潜能、全面发展
办学思想	求是教育
办学思路	实事求是、精准定位、整合资源、创新发展
办学定位	传承家国情怀，增值超越成长
办学特色	文体并进、个性发展、品学兼优
学校学风	勤学乐学、善学博学
学校教风	学高身正、敬业爱生
学校校风	文明向上、求实创新
语言文字	学校的基本教学语言为普通话，推广使用普通话和规范汉字

二、完善六项配套建设，优化办学育人环境

近年来，学校以"创先"为契机，在夯实"创强"成果的基础上，严格对照有关指标要求，积极争取政府政策和资金支持，主动寻求各界物质支持和智力帮助，先后投入 500 多万元完善六项配套建设，优化了办学育人环境。

（一）实现了教室、功能室网络多媒体设备全覆盖

近 3 年来，我校新增中学计算机室 2 间，共 64 万元；网络多媒体教室 16 间，共 44.8 万元；录放室设备 2 套，共 70 万元；宽带出口近 1G，实现了教室、功能室网络多媒体设备全覆盖。同时，新增教师计算机 50 台，共 25 万元，实现了全体教职工人手一台笔记本电脑。

（二）实现体育运动场地的标准化建设

2014 年 10 月，随着 400M 标准塑胶跑道建成启用，标志着蓝田中学标准运动区的建设完成，蓝田中学成为揭阳市唯一一所拥有塑胶跑道、11 人足球场的标准运动场的农村中学。近年来，共筹措资金 85 多万元，陆续建成标准 7 人足球场 1 个、灯光篮球场 1 个，按有关标准增配各种体育设施设备。目前，学校运动区、设施设备基本上可满足多种体育竞技项目的比赛要求，提高了体育活动的安全性和舒适性，提升了学校的硬件水平，为学生加强身体锻炼、提高身体素质提供了更宽广、更优越的平台和环境。同时，我校积极探索体育场馆向社会开放的做法，被评为"广东省学校体育场馆向社会开放示范单位"。

（三）高标准落实校园绿化美化要求

近 3 年来，学校瞄准省一级学校绿化指标要求，在实地探查、着眼长远的基础上，以改善校园生态环境与校园的对外形象为出发点，以绿化美化为主要手段，进行了校园绿化规划建设。根据建筑布局与周围环境特点，大致将校园绿化空间分为五部分：①师生生活区：包括宿舍、食堂，以及 5 号教师宿舍楼前的大片空地。②教学区：主要是教学楼及周边区域。③科研办公区：包括综合楼、小广场以及车棚周边区域。④运动区：包括足球场、风

雨运动场、篮球场等。⑤校道绿化：主要是校道周边区域。在实施绿化工程的过程中，我们既积极向有关部门寻求支持，也发动校友"带树捐种"，即根据学校绿化规划，经协商由校友直接把树种在指定位置。

经过近3年的努力，学校共投入资金90多万元用于绿化工程，绿化面积已经高达85%以上，逐渐体现出绿树成荫、环境幽雅的园林式校园环境氛围。

（四）提升后勤服务能力

完善师生食堂配套。2016年4月，在全面筹划学校"创建"工作时，学校有学生3057人，其中内宿生2024人；教职工205人，但仅有一个食堂，难以为师生提供优质、满意的服务。为给师生营造更好的就餐环境，并且促进食堂竞争经营，我们向区教育局提交了第二师生食堂的修缮计划，规划建设面积2000平方米，计划投入资金48万元，其中区财政奖补资金47万元，自筹资金1万元。目前，已经基本完成了第二师生食堂的修缮工作，计划于新学年投入使用。

全面更换学生课桌椅。近3年来，我校全面更换学生课桌椅3000套，共投入72万元，实现一人一椅一桌。

改善教师办公环境。近两年来，学校为改善教师办公环境，先后筹措资金21万元，为全部教师集体办公室安装了空调。

（五）打造校园视频监控网络

学校于2017年追加投入资金28.6万元，完善视频监控体系。该监控体系由4个监控平台构成，即教学区教室监控平台、值班室监控平台、内宿值班室监控平台、门卫监控平台，对学校进行全方位监控、录像，实现校园视频监控全覆盖。

（六）完善图书馆建设

近3年来，学校新增图书6万册，共投入120万元。目前，图书馆藏书总数130480册，人均藏书41.4册，达到省一级学校的要求。

☀ 三、提高教师关键能力，有效激发教师潜能

蓝田中学紧紧抓住"创先"的难得机遇，把改革创新、软件升级放在重中之重的位置。按照李永亮校长提出的"教育的最终目的是激发人的最大潜能"的系统教育理念，主动适应当前教学手段深刻变革的形势，积极推进教学教研运作及管理创新，充分调动师生积极性，争取在新一轮教育改革中抢占先机。

（一）以高考备考为教学中心任务，激发教师解读考纲的能力

高考成绩是一所普通高中的生命线，所以，我们坚定不移推进"备考备三年"工作，争取区域性农村高中高考话语权。我们通过教务处分解考纲、教研组研究考纲、备课组落实考纲，合力备考，把每节自习课（甚至早读课）都当作考试对待，把每次考试都当作高考对待，力争做到"自习考试化，考试高考化，高考平时化"。在全市率先采用网上阅卷，利用大数据开展学生成绩跟踪，优化教学成绩评价体系。优化课时安排，开齐开足课时，优化学科结构，加强课堂实效性监管，把时间的利用精确到分。加强高二级备考工作，做好规划，实现高二级后阶段教学和备考与高三级第一轮复习接轨。以全市会考总复习计划监管和教学检查，以与高三联考，采用滚动训练等项提前"高三化"举措，提高教学备考质量，壮大"新高三"的实力。

实践证明，我们的思路是正确的，方法是有效的。近3年来，蓝田中学不管是高考上线人数、上线比率，上本科线人数、上本科线比率，还是尖子生的培养、临界生的扶持等，都取得了显著的成绩，各项指标快速攀升。优异的高考成绩使蓝田中学在全市乃至整个粤东地区同类学校中脱颖而出，成为区域性农村普通中学的典范。

（二）以课题研究为突破口，提升教师的科研能力

农村学校要跟上新时代教育要求的步伐，实现教师的专业发展，就需要有突破口，而课题研究就是最好的突破口。为实现李永亮校长提出的"教科研水平、成果引领粤东地区同类学校"的奋斗目标，各处室同心合力，努力构建具有蓝田特色的教师专业发展共同体。目前，已探索形成具有蓝田特色

的课题管理模式，形成具有蓝田特色的课题研究模式。现有课题国家级子课题 1 个（该课题"开展足球活动若干问题的探讨"获得课题科研成果一等奖，有效破解了足球特色学校的发展难题），省级课题 7 个（其中子课题 1 个），市级课题 3 个，区级课题 13 个。市、区教育局有关领导和专家认为：从课题的管理、支持，课题立项的级别、数量，以及课题研究成果的质量、应用等方面综合考量，蓝田中学的校本课题研究在揭阳处于领军地位。

实践证明，开展课题研究，对于激发教师潜能，提高教师教育教学能力，对于打造专业发展共同体，进而实现团队和谐可持续发展，都具有重要的作用，对学校探索新的发展极，未雨绸缪积极应对新一轮教育改革具有重要意义。

（三）以微课作为课堂重要补充，提高教师对教学重点难点的突破能力

近年来，我校大力推动微课开发和应用研究，争创区域微课研究高地。在广东推进教育现代化给农村中学教学条件带来革命性变化的大好形势下，我校组织教师大力推进微课制作创作活动，以此带动现代教学方式的研究和构建，提高教师对教学重点难点的突破能力，并取得一批显著成果。至目前，我校微课团队共有 50 多人次获市级以上（其中国家级 9 人次），所取得的成绩在揭阳市处于遥遥领先的地位，为我市农村普通高中探索基于互联网的现代化教学手段起到示范引领作用，同时，在学生如何合理使用手机和网络方面的研究也取得一定进展。2016 年 6 月 20 日《揭阳日报·教育周刊》刊发专访文章《着力打造微课特色学校》，高度评价了蓝田中学在微课特色学校建设中取得的成绩。

（四）开展推进教学现代化系列教研教改活动，提高教师融入网络信息时代教育教学的能力

为充分使用教育创强新装备，提高我校教师使用现代化教学手段的能力，进一步推进我校教师专业生态的优化发展，学校于 2014 年 9 月到 2015 年 1 月举行了大规模、高规格的多媒体课件制作大赛。本次活动取得了丰硕的成

果，进一步推动青年教师专业化发展，推动多媒体装备的开发利用，推动校本教研方式的创新。

为推动教师充分利用多媒体设备，提高教师驾驭电化设备的能力，激发教师潜能，提高教学质量，2015 年 9 月，学校开展微课大赛。大赛之初，大多数教师对微课还不甚了解，"微课"一词也觉得很新，通过培训、参赛、制作过程的经验交流、观摩，本校教师示范作品的推出，有效地推动我校教师微课制作、多媒体课件制作技术的进步，取得了预期效果，研究现代教学方式的良好氛围正在形成。本次微课大赛为我校微课取得长足发展奠定了坚实的基础。

2017 年 10 月到 12 月，学校举办现代教学技术示范课活动。本次活动要求教师不但会使用现代教学技术，还要善于使用现代化技术，提高教学质量。当教师把新课程理念与现代教学新技术有机融合，达到善于运用现代教学技术层次时，意味着现代教学方式确立，全面课堂教学改革时代到来，这是这次现代教学技术示范课的重要使命。本次活动使现代教学技术得推广和提高，获得一批优质的校本教研教学资源，进一步活跃集体教研和科组教研交流氛围，激发教师探索教改和参与教研的积极性。

在一系列教研教改活动的带动下，我校教师融入网络信息时代教育教学的能力显著提高，涌现出一批教学能手。如：2017 年 11 月 24 日，由韩山师范学院广东省中小学教师发展中心主办的粤东基础教育化学学科群"名师工作坊"教研活动在我校隆重举行，我校黄晶纯老师运用现代教学方法，使用现代教学设备给大家呈上了题为"化学必修 1 · 金属与酸和水的反应"的观摩课，受到专家、学者和同行的一致高度肯定。

（五）打造专业发展共同体，提高教师教研的集体协作能力

针对传统教学检查方式的困局，李永亮校长在本学期初提出要"改革检查方式，尝试采用互动式教学检查的方式，探索破解的有效方法"。为此，我们决定采用一种新的教学检查方式，采用"汇报—交流—研讨"互动式教学检查方案，让教师电脑展示教学课件，并做教学思路设计的说明，把反映在教案中的思路、方法、技巧、策略口头汇报出来，教学课件通过视频呈现

出来，一并检查教案和课件。采用新型教学检查方式受到教师的普遍欢迎，取得良好效果。实践证明，该方法能把传统的检查和反馈两个环节合一，实效性、灵活性大为增强，有效地推动现代教学技术的交流和普及，有利于教学经验方法交流和提升，有利于备课组集体教研的良性发展。

近年来，学校不计成本鼓励和支持教师外出参加学习交流和研讨活动，并要求外出学习交流回校之后要及时开办讲座或在备课组交流，传播新理念，碰撞新火花。近3年，共有500多人次外出参加学习交流和研讨活动。以教师专业发展为主线，每学期都邀请专家到学校举办专题讲座，融入政治学习、师德学习以及业务学习。比如，充分利用与韩山师范学院合作搭建的交流平台，与韩山师范学院开展教师专业发展学校项目合作。近3年来，专家教授莅校讲学情况如下：

时　　间	主持人	职务（职称）	题　　目
2015 年 11 月 7 日	林曼斌	副教授	微课宣讲
2015 年 11 月 7 日	黄俊生	副教授	学做微课
2015 年 11 月 7 日	赖鹤鋆	系主任	微课"整容"
2016 年 5 月 7 日	姚跃涌	广东省教育研究院物理教研室主任	新一轮课改
2016 年 11 月 27 日	孙悦亮	副教授	教育教学的价值追求
2017 年 3 月 18 日	文剑辉	副教授	做一名有滋有味的好老师
2017 年 12 月 17 日	马瑞君	教授	良好的礼仪修养使你的人生更精彩

为推动教师充分利用电子网络资源，促进资源共享，提高效率，近年来，我校发动全体教师积极开展校本资源库建设，设置教师个人、教研组、学校三级电子资源目录，各教研组以组建科组 Q 群、微信群，构建科组资料硬盘等方式，实现电子资源不受地域限制无障碍交流。目前，校级组级资源库已初具规模。我们将不断巩固校本资源库建设所取得的成效，开创校本教研新方式。

为推动教研组、备课组集体合作教研向纵深发展，开拓校本教研新途径，我校组建以李永亮校长为组长的"蓝田中学校本教材开发和编写领导小组"，拉开了自编校本教材的帷幕。编写校本教材是学校探索教师队伍、班主任队伍专业发展的又一次创新性工作，是确保学校可持续发展的战略行动。通过校本教材开发和编写锻炼培养一批优秀中青年骨干教师和研究型教师队伍，使教师专业生态继续优化，为我校校本教研注入新动力。目前已完成4批校本教材的编写。

四、内涵发展成效显著，学校核心竞争力快速提升

学校教育育什么人？怎么育人？为谁育人？带着对当前学校育人工作的追问，怀着一切为了学生的成才和发展的执着精神，熏陶千年名校丰厚文化底蕴的蓝田人正一步一个脚印探索内涵发展的道路，着力打造学校的核心竞争力——激发潜能：包括激发学校行政班子的潜能、激发教师的潜能、激发社区干群及学生家长在联合教育中的潜能，以及激发学生的潜能。这一系列潜能激发方式的创新和现实形式直接影响学校发展的基本态势，也直接影响受到教育者的层次和品质，是当代教育发展的原动力。

（一）学校行政领导班子起到表率作用

学校的职责就是教书育人。这就决定了学校领导班子必须有清晰的方向感和政治定力，确保基本导向不出偏差。行政班子在具体业务上的作用在于引领和示范，因此在激发班子潜能的过程中必须强化班子成员前瞻意识、担当意识、责任意识，做到有位有为、有为而不乱为，不断提升执行力、公信力。学校重视班子的政治理论、教育法规和现代学校管理理论的学习，不断提高班子成员的政治素养和管理决策水平。明确各处室和班子成员工作职责，强调线条工作与年级工作有机结合，教学工作与德育工作有机渗透，一线教育教学与后勤服务相互协调，提高工作效率，讲求实效。班子成员率先垂范，带头学习，带头奋战在教育教学第一线，带动师德师风建设，营造敬业奉献的精神氛围。在学校管理中，班子成员学会认真聆听、冷静思考、综合处理，从而形成良好的行政素养，激发自己的决断力，更好地服务教书育人工作。

火车跑得快，全靠车头带。校长李永亮用自身的努力，践行了一个"领

头羊"的责任。他是广东省中小学新一轮"百千万人才培养工程"名校长培养对象、广东省特级教师、广东省中小学名校长工作室主持人、广东省中小学校长培训中心兼职教授、广东省教育督导学会高中教育督导评估专家、揭阳市优秀专家和拔尖人才、揭阳市人民政府教育督导室督学，先后被授予全国群众体育先进个人、广东省师德先进个人、揭阳市优秀教育工作者等荣誉称号。近年来，他主持国家级子课题1项、省级课题1项、市级课题4项，被羊城晚报出版社聘为《名师面对面》系列丛书化学科主编，有多篇学术论文在中国核心期刊《时代教育》《中国科教·创新导刊》，国家级刊物《师资建设·学习研修版》《中国教师》《师道》等各类报刊发表或获得国家级、省市级奖励。多次赴美国、加拿大等国和我国台湾地区、上海、浙江等地进行教育考察，思维活跃，事物判断前瞻性强，是典型的一线教育工作者。

十年磨一剑，在李永亮校长的坚强带领下，通过激发班子成员的潜能，人尽其才，形成了良好的合作、竞争生态，打造了一个来之能战、战之能胜的行政班子。

（二）提高教师综合素质

激发教师的潜能，首先要让教师有正确的职业定位。教师的职业认同是教师专业发展的重要条件。我们引导教师从其自身的主体性和能动性出发，通过自身努力提高职业声望。搭建沟通平台，促进教师之间合作互助，激发团队战斗力。同事之间、上下级之间的互助，有效地激发了团队意识，使教师树立信心，心情愉悦地进行工作和生活，并且乐意接受学校的组织目标、具有高水平的任务执行力和工作效率。在学校推动教师专业发展的行动下，教师有计划、有目的地完善自己，逐渐成为学科带头人，产生教学领导力。学校搭建多个平台，培养教师科研力，强化学识再造力，在日益多元的社会和文化背景下，增强社会文化适应力。学校要求教师需要转变观念和方法，换位思考，以包容的心态去思考、分析问题，和学生以及学生家长取得共鸣。同时，鼓励教师要科学直面压力，积极主动地掌握一定的抗压、排压、化压的方法，能及时从压力事件的刺激源中脱离出来，保持自己的心理健康和积极心态。丰富自己的生活，及时消除心理负能量的有效办法之一。自身构建支持系统，使自己能和谐地与周围的人际环境相处，并从中体验到愉悦和舒畅。

我们通过不断增强师生对学校、对集体的认同感、归属感和自豪感，并内化为大家共同的价值取向，逐步形成蓝田中学鲜明独特的精神文化，逐步实现从重视个体评价向团队评价转变，构建教师专业发展共同体，助推教师抱团发展、专业发展。

近年来，全校共有130多人次先后获全国群众体育先进个人、广东省新一轮"百千万人才培养工程"名校长培养对象、广东省特级教师、广东省名校长工作室主持人、广东省师德先进个人、广东省骨干教师培养对象、揭阳市优秀专家和拔尖人才、揭阳市人民政府教育督导室督学，以及市、区名教师、先进教育工作者、优秀教师、优秀班主任等光荣称号。

（三）建立学校和家长顺畅沟通的桥梁

学校、教师与学生家长之间建立良好的关系，激发家长定力，相互配合，取长补短，形成合力，为学生提供良好的成才环境，促进学生的健康成长。开展感恩教育，激发亲子动力，调动家长参与家校联合教育积极性，协助改善亲子关系，形成良好的社会效应。鼓励学生家长参与学校管理和决策，使家校教育更有效地相互渗透。创建具有较高自治权的家委会，让他们规范参与学校管理、决策和监督，共商教育大计，共铸校园文化，将更进一步激发家长在家校联合教育中的潜能。学校要求教师采用多种方式开展家访工作，除传统的上门家访外，现在通讯手段发达，其他方式的家校联系可以弥补这一不足。学校高度重视家长会。除了家访，家长会是教师与学生家长面对面沟通的好机会。我校的实践证明，相对于家访，家长会的效率更高，且有集体氛围，更容易形成示范带动效应，效果更佳。网络化新平台的利用，使家校联系得到进一步加强。我们还通过开设"家长意见、建议箱"、发送喜报、制作"给学生家长的一封信"等方式加强家校联系。另外，学校充分发挥班主任沟通学校教育、家庭教育和社会教育的主要桥梁作用，在教育教学中起着举足轻重的作用。

（四）学生是学习的主体

教育的目标要定位准确，激发学生的求知欲。让孩子在学习的过程中，把学到的东西运用到实践之中，在实践中检验，而不是学习、学习、再学习，只有动脑和动手结合起来，才是快乐的事情。加强合作分享教育，激发学生的表现欲。在合作中探求自己独立的思想，在合作中虚心倾听、分析别人的想法，学会和别人进行交流、合作以及分享。正确的鼓励，适时的激励，激发学生的成功欲。让孩子充满正能量，他们的成功欲望也高涨，迈向成功的起点也更高。在教育教学过程中，我们从关注学生人格健全、关注学生良好的心理品质和行为习惯、关注学生学习兴趣和欲望出发，减压加压，激发学生的兴趣欲。为他们创造成才的环境，培养他们的兴趣，静静地陪伴和等待他们成长、开花、结果。学校通过创造环境，因地制宜，加强体育锻炼的宣传和场地建设，激发学生的生命欲。做到体育锻炼无处不在，营造学校体育为人人，人人热爱体育的校园运动氛围，体育课堂要准确传授体育锻炼的科学练习方法和安全教育等，让师生在教与学中共同践行体育的乐趣。

语数英综汇师生智慧，德智体美展蓝田风采。近年来，学校涌现出如高考全县文科数学单科状元倪少鑫、全县物理单科状元陈浩鑫、全县普通中学文科总分状元林丽佳、全县文科数学单科状元黄泽曼、全县普通中学理科总分状元徐杰等优秀学子。众多蓝田学子考上中山大学、华南理工大学、暨南大学、西安交通大学、华南师范大学等名校。近年来，徐杰、杨伟南等11位同学获"广东省三好学生"称号；黄诗仰、黄淑珊等10位同学获"宋庆龄奖学金"，学生参加各项竞赛并获奖350多人次。

2015年年初，蓝田中学志愿者服务队再次荣获潮汕星河奖品德奖三等奖。2015年9月21日《揭阳日报·教育周刊》中学版1版刊发文章《赞这群爱心志愿者》，报道了蓝田中学志愿者服务队的先进事迹。

☀ 五、学校发展捷报频传，育人事业硕果累累

千年名校，传承千秋万代之儒家思想；万名学子，弘扬万紫千红之中华文化。近年来，随着学校核心竞争力快速提升，育人事业硕果累累，在全市

乃至整个粤东地区同类学校中脱颖而出，办学情况作为全省普通农村中学代表，被收编到广东人民政府发展研究中心、广东省教育厅主编的《和谐与发展》一书中，向社会推广。

2017 年 12 月，学校被广东省教育厅评为"广东省依法治校示范校"。

2017 年 8 月，学校足球队勇夺揭阳市第七届运动会暨第四届学生运动会足球高中组冠军和"体育道德风尚奖"，并将代表我市参加广东省 2017 年"省长杯"足球赛总决赛；男子乒乓球队包揽揭阳市第七届运动会暨第四届学生运动会学校组男子团体、男子双打、男子单打冠军。

2017 年 8 月，学校被揭阳市揭东区教育局评为"教育工作先进单位"；

2016 年 12 月，学校荣获"粤东首届微课大赛"优秀组织奖（粤东共 2 个学校获得此奖），是揭阳市唯一一所获此荣誉的学校。

2016 年 11 月，学校被广东省教育厅授予"广东省安全文明校园"荣誉称号。

2016 年 10 月，揭阳市第二届学生足球赛在蓝田中学举行，学校足球队勇夺揭阳市第二届学生足球赛冠军，并代表我市参加广东省 2016 年"省长杯"足球赛总决赛。

2015 年 10 月，学校志愿者服务队荣获潮汕星河奖品德奖三等奖。

2015 年 1 月，学校被揭阳市教育局评为"体育工作优秀学校"。

2014 年 12 月，学校食堂被评为"广东省食品安全示范学校食堂"。

2014 年 12 月，学校被定为"全国首批青少年校园足球特色学校试点单位"。

2014 年 11 月，学校被评为揭阳市"平安校园"。

2013 年 10 月，学校与韩山师范学院合作共建揭阳市首个"教师专业发展学校"，并挂牌成立揭阳市首个"韩山师范学院教育实习点"。

2013 年 8 月，学校被揭东区委、区政府评为"校园文化建设先进单位"。

2012 年 8 月，学校被揭东区委、区政府评为"教育工作先进单位"。

2012 年 4 月，学校被广东省厂务公开民主管理联席会议办公室评为"广东省厂务公开民主管理工作示范单位"，是当年全省唯一一所获此荣誉称号的学校。

2012 年 4 月，学校团委被共青团广东省委员会评为"五四红旗团委"。

2012 年 4 月，学校被广东省考试中心定为"广东省全国教育统一考试定点考场"。

2011 年 8 月，学校被评为揭阳市一级学校。

目前，蓝田中学校园风气良好，教师安教乐教，学生勤学乐学，文明有礼，积极向上，学生操行评定优良率达到 100%，后进生转化率达 95% 以上。近 10 年来，学校实现了"三个零"的管理目标，即师生犯罪率、重大校园安全事故率和师德师风投诉率都为零，引领一方。2016 年 11 月，学校被广东省教育厅授予"广东省安全文明校园"荣誉称号。

展望未来，推进教育现代化工作任重而道远，永远在路上。面对新形势新任务，全体蓝田人将同舟共济、自强不息，推动学校全面协调可持续发展，为创建"广东省一级学校"不懈奋斗，为广大人民群众交上一份满意的办学答卷。

第三辑

思想探索

学习实践十八大精神，
办好人民满意的教育

——学习十八大精神心得体会

十八大是在我国进入全面建成小康社会决定性阶段召开的一次十分重要的会议，对于党和国家事业的继承、发展具有极其重大而深远的意义。我个人认为，十八大报告体现了我们党坚定不移的政治立场，从中华民族伟大复兴的高度，进一步回答了举什么旗帜、走什么道路、实现什么目标以及怎么实现这些目标；体现了我们党执政为民的价值取向，代表广大人民群众的利益，依据最广大人民的新期盼谋划建设和发展；体现了我们党坚定的改革创新精神，在发展中国特色社会主义的论述中，报告第一次鲜明提出要以科学发展观为指导，充分反映了我们党与时俱进、开拓进取的时代精神。从报告中可以看出，我们党提出的治国理政的大政方针都是从实际出发，从中国国情出发，合乎实际，合乎情理，更合乎法制，凝结着中国共产党人的科学精神、伟大智慧和求真务实的作风。

在全面建成小康社会的关键时刻，十八大对党和国家各项事业作出全面部署。优先发展教育是作为改善民生问题中的第一方面提出的。报告中指出：努力办好人民满意的教育。教育是中华民族振兴和社会进步的基石。要坚持教育优先发展，全面贯彻党的教育方针，坚持教育为社会主义现代化服务的根本任务，培养德智体美全面发展的社会主义建设者和接班人……

十八大报告不仅为我们教育工作者提出了殷切的希望和要求，而且也为

我们教育工作指明了创新和改革的方向——努力办好人民满意的教育。国家教育倾斜政策越来越深入，受益面将越来越广。这要求我们教育工作者要从人民幸福安康的角度去思考教育、对待教育。作为一名基层教育工作者，我倍受鼓舞，同时感觉肩上的担子更为沉重。究竟什么样的教育才是人民满意的教育呢？我认为：

办人民满意的教育，必须坚决贯彻党的教育方针，深化实施素质教育，着力提高教育质量，努力培养学生的创新精神和实践能力，面向全体学生，培养学生全面发展，做一个懂得追求幸福的人。

办人民满意的教育，必须让学校管理充分体现人性的光辉。以人为本，民主管理，科学管理，法治和德治相结合，这是新时期对教育管理者提出的新要求。关注教育细节、尊重教育规律、落实教育教学常规、强调师生个性，以父母之心办学校，以父母之心做教师，是"人民满意"的最好诠释。

办人民满意的教育，必须建立幸福进取的教师队伍。十八大报告指出：加强教师队伍建设，提高师德水平和业务能力，增强教师教书育人的荣誉感和责任感。广泛开展理想信念教育，大力弘扬民族精神和时代精神，深入开展爱国主义、集体主义、社会主义教育，坚定教师的理想和信念，丰富教师精神世界，增强教师精神力量，提升教师的幸福感和职业自豪感。

办人民满意的教育，必须培育健康向上的学校文化。文化是民族的血脉，是人们的精神家园。校园文化同样是一所学校生生不息、薪火相传、走向成熟最肥沃的土壤。学校要大力加强校园文化建设，不断营造育人氛围，深化办学内涵。

办人民满意的教育，必须立足每个孩子。十八大报告表明，我们党在借鉴和继承古今中外一切优秀教育思想成果的基础上进行创新发展，并明确提出教育是国家发展、民族振兴的基石，教育公平是社会公平的重要基础。今后我校还要继续推进教育、教学资源均衡配置，面向全体学生，不抛弃，不放弃，培养学生全面发展。

办人民满意的教育，必须善于发现、培养和任用人才。党的十八大报告提出"把各方面优秀人才集聚到党和国家事业中来。广开进贤之路，广纳天下英才，是保证党和人民事业发展的根本之举。加快人才发展体制机制改革和政策创新，开创人人皆可成才、人人尽展其才的生动局面"，这对我们加强教师队伍建设有着重要的指导意义。今后，我校将进一步推进教师队伍建设，千方百计为教师们搭建成长、发展的平台，加强人才培养，打造一支德才兼备的教师队伍。一所学校是否有发展潜力、是否有发展前景，关键看它的人才储备、培养、选拔和使用情况。今后我们要继续加强业务人才培养，从我校专业教师群体中培养一批师德高尚、业务精湛、成绩优秀的校级学科带头人、教学能手、业务骨干，学校努力为他们创建参加各级教学竞赛的机会，承担实验课题，帮助他们不断提高教育教学水平，并择优推荐选拔成为区级以上学科带头人、教学能手、骨干教师，或放到教研组长、年级组长等管理岗位上进行锻炼。加强后备干部培养，在各级教学骨干中择优选拔优秀人才作为学校中层后备干部进行培养锻炼，对有丰富基层管理经验、群众满意度高的优秀中层领导作为重点培养对象，并择机向区教育局推荐。

党的十八大报告是高举旗帜、科学发展的报告，是解放思想、推进改革的报告，是制定蓝图、引领未来的报告，是凝聚力量、增强信心的报告。我一定做党和国家政策的拥护者、宣讲者和执行者，把学习十八大精神的热情化作勤奋工作的激情，并落实到教育管理的实践中来，努力做好工作，创造优异成绩，以高度的政治责任感和历史使命感，扎扎实实把工作做好，为揭东教育的发展贡献自己的绵薄之力。

激发潜能　个性发展

——赴美国佛罗里达州大西洋大学学习考察报告

带着探求中美教育的相同点与不同点、比较两国教育优点和缺点的任务，本着扬长避短、择其精华的目的，我们广东省中小学"百千万人才培养工程"第二批培养对象名校长班赴美考察团于 2016 年 10 月 30 日开始，赴美国佛罗里达州大西洋大学学习，进行为期 21 天的校长领导力培训学习，并实地考察当地的中、小学。这是我第二次到美国学习和考察，进一步比较、认识、体会中美教育的各自独到之处，在了解的基础上，我还进行了思考，并获得了启示。

一、了解：美国基础教育的大概情况

（一）唯一一个没有把教育写入国家宪法的国家

美国是世界上唯一一个没有把教育写入国家宪法的国家，它的教育是属于各个州的，不是属于国家的，但每位美国总统都会在任内出台有关教育的法案，表明他们对教育的态度。美国基础教育实行三级管理，即联邦教育部、各州教委及学区委员会，实现了管理的扁平化，减少了管理成本和政策贯彻实施过程中不可避免的损耗。美国基础教育以地方管理为主，学区的权限最大，责任也最大。

美国联邦教育部不干涉地方的教育行政具体事务，其对基础教育的管理职能主要包括：保证全体国民均有受教育的机会，争取教育公平；支持州和

艺术高中学生上课中

地方发展教育，提供教育经费保障等。各州设教育委员会，负责州教育厅长和其他主要官员的任命，本州中小学校的教育经费的分配，公立学校教育大纲及质量标准的制定、教师资格的认定、教育政策和教育计划的确立等工作；对美国基础教育影响最大的是学区，学区是最基层的教育行政单位，直接管理学校。学区总监选聘校长，校长是职业化校长，须具有校长资格证，校长选聘老师，所有聘任人员都由学校董事会通过，形成互相牵制、互相制约、互相监督的关系。校董会是由地方热爱、关心教育的公民选出来的，和基层政府、学校都没有领导和被领导的关系，也没用相互的利益冲突，以第三方的角色参与教育事业。

　　美国学校的自主权很大，内在潜能得到充分的激发，百花齐放、百舸争流，逐渐形成自己的核心竞争力。我们参观棕榈滩艺术高中，它以艺术见长，立足于在学业课程设计模式基础上开设对艺术选修课程，构建学校的办学亮点，激发学生的艺术潜能。再譬如科技初中，充分借助高科技产

品介入课堂和学生的学习，提升学生的学习效率，让学生对高科技产品有充分的认识，并可以合理使用，既提高学习效率，又激发学生对科技的认知及使用的兴趣。

（二）教育体系的基本情况

美国法律规定儿童6—16岁必须入学，美国的公立学校由政府税收支持，学生免费入学，私立学校多由教会支持。学校的学生按年龄段分为以下四类：1.初级学校：一至六年级；2.初级中学：七至八年级；3.中学：九至十二年级；4.大学（学院）：一般为四年制等。从总体上来看，美国的基础教育阶段都是小班化教学，平均班额为20人左右，实行个性化教育，但不同学区的情况又略有不同。富人和中产阶级占比高的学区，由于房产税收入较高、教育经费较充足，学校平均班额一般在15—17人左右，甚至还有10人以下的。而亚裔、非裔以及低收入者居住较多的地方，所在学校平均班额为25—30人。如佛罗里达州法律规定，小学班级人数不超22人，初中班级人数不超20人，高中班级人数不超18人，所有社区都有某种形式的公共教育，学生上学不必交学费或费用，课本由校方提供并循环使用，但是家长必须自备簿子、铅笔、蜡笔等，以及供孩子在校期间使用的其他物品。

美国学校最注重学生的阅读和数学两个科目。学校的课程内容由学校自己决定，大多数校区提供的课程包括阅读、书写、英语文法、文学、数学、科学、历史和社会学、地理、经济、公民、计算机和键盘输入、体育等。学生也有一些选修科目，如美术、戏剧、家政、音乐或其他感兴趣的科目，值得关注的是，学校的家长委员会很多都直接参与学校课程设置的建设，真正体现家校联系的紧密性和有效性。

美国学校不用负担学校的后勤服务工作，所有的后勤工作都由当地教育管理机构来统一完成并保障。

（三）校长和教师的产生与待遇

1.校长的聘任与待遇。美国校长必须持有校长资格证，是职业化校长，具备教育管理培训方面的专业能力，其产生一般经过个人申请、面试考核、上一层管理机构考察挑选，最后由学区教育委员会举手表决，再由学区聘任等程序。和中国校长对学校全方位管理——什么事都管不同，美国社会更希望校长成为教学的领头人，校长每天都要到课堂听课，并作出指导，和教师一起对照职业发展规划进行调整完善。校长职业化水平非常高，校长在上岗前进行为期两年的严格训练，培训的主要课程是教学性的领导力和学校跟社区的互动；培训内容是校长如何指导和如何沟通。丹尼尔·雷耶斯·格拉博士说："校长不仅要看老师是怎么教的，更要看学生是怎么学的。"除了在大学或机构里面听讲座之外，美国把校长培养对象放到学校中跟岗、讨论，在实践中发现教育中的薄弱环节，从而制订计划去改进，一段时间后进行前后对比，并做出适当的评价，然后向导师汇报，通过考试后，可以参与校长的竞聘，同时，校长无须负责学校繁杂而与教学无关的后勤工作，更不必参与各种各样的政治性工作。高度的职业化确保了校长专业化的发展，并能把所有精力投入学校管理和办学理念的实施上。

2. 教师的聘任与待遇。各州政府对在本州任教的教师都有不同的资格要

讲座《激励》主讲：丹尼尔·雷耶斯·格拉博士

求，教师在该州任教必须取得本州的教师资格。除此之外，学区在州政府的基础上还有一些附加要求与条件。教师一旦取得资格认证，有效期一般为三到五年，到期后，必须经过一段时间的脱产培训并通过考试，才能延长资格。正是因为这种制度上的保障，使得美国教师的专业化水平较高。教师由校长提名聘任，聘任合同一般为四年。美国教师亦常常抱怨时间太长，劳动付出与报酬不成比例，因此教育人才流失严重。我们所考察的佛州的问题更加复杂，与老师的抱怨不同，校长们更多的是抱怨没有充足的教师来源。这里曾有两个月，有100多位教师空缺。在美国教师很累，有的一天甚至要上7节课，每节课40—50分钟（比国内教师多很多，当然，他们的课堂模式允许教师如此密集上课，在国内绝对行不通），但收入不高，初参加工作的教师年薪一般在3万多美元，进入职业稳定期之后年薪大约5万—6万美元，这样的收入在美国平均年薪9万美元的现状中是偏低的。校长们认为对老师的严格要求与教师的低收入是造成人才流失的主要原因。

为了弥补教师收入的不足，美国教师是允许兼职的，也允许在下班时间进行有偿补课和培训——他们寻求兼职也是一种职业生涯延续的必要，因为他们要承担自己的培训费用。

二、思考：美国的教育方法和学校特点

（一）美国的教育方法

1.美国强调有助于发展受教育者个性和创造性的教育方法，注重通过给学生提供平台促进学生个性化的培养。美国学校一般上午8：00上课，下午2：00~3：30上课，3：30放学后学校会提供各种各样的校外的辅导课程，有艺术类、科学类、法律类、环保类、体育类等，各学校会结合自己学校的特色开设不一样的课程，家长帮助孩子一起选择课程并付费让孩子参加，让孩子在第二课堂的学习中找到自己感兴趣的科目和自身的发展点。

2.重视对学生批判性思维的训练和鼓励学生自由表达。对于数理化课堂教学重在利用实验室进行理论加实践教学，边学习边实验；对于文科类课堂教学更多的是鼓励学生之间相互交流，特别是比较深层次的交流而不是纯赞

美性的交流，形成一个鼓励性的，且互相挑战的氛围。不管任何学科，美式课堂都是非常注重对于知识的运用和再思考。具体特点包括：课堂学习的氛围比较宽松，这个宽松体现在老师与学生之间的关系上，学生对于老师的观点可以随时自由交流，彼此之间都不会有太多的拘束；老师对于学生的研究、创作只做比较概括性的指引，具体的操作和实践更多地交给学生，让学生在具体实践中体验，并归纳总结得出结论。学校鼓励学生更多地参与到社会实践中，不会很强调成绩乃至于学业的优秀与否，非常注重学生的感受，从而也引导学生关注他人的感受，培养同情心；学生被鼓励多问为什么，多刨根问底，不轻信已有的答案和解释。

3.美国教师非常重视培养学生的非智力素质。比如，他们关注学生的人格发展，注重培养学生的社会责任感、领导力和彼此尊重、理解、合作的能力。国内的教育则对学生的智力发展倾注过多的关注，对学生的非智力素质的关注明显不够。所以，两国中小学生的性格特点、能力结构等差别很大。

4.美国教育非常重视实用性。有人曾经对中美基础教育做出了这样的比较：美国孩子学的是杀鸡宰羊的技术，他们学了就马上可以运用；中国孩子学的是"屠龙绝技"，看似高大上，但其实没什么大的实用价值。美国学校高度关注学生的阅读能力和数学能力，普遍重视对学生思想品质、言行习惯的养成，重视职业生涯规划和学生发展指导，重视学生自主创新能力的培养，中小学校开设的许多选修课程，都是现实生活或今后工作中用得着的知识和技能。中国孩子投入了大量的时间精力学习英语、微积分以及各种复杂函数等，大多数毕业之后一生都用不着。

（二）美国学校特点

1.校园环境。走进美国的学校，整个校园与社区融为一体，宁静、亲切、自然、温馨。比如我们访美第一天参观的棕榈滩郡的环保教育中心，该中心占地153公顷，既有森林，又有教学课堂，是大西洋大学的分教点，同时与许多中小学有多种合作项目，在此进行小学初中的课外研习课程，每天下午学生放学后来上课。校园环境优美，不起眼的校牌，视觉提示标示明显适合，树林苍翠，草地清鲜，松鼠漫步，鸟飞虫鸣，整整齐齐的停车场，学校的吉祥物猫头鹰的标记遍布校园，猫头鹰人像雕塑、猫头鹰的宣传、猫头鹰的各式衣物、猫头鹰饰品处处可见。学生在校园中穿行慢声细步，走廊过道花园随处可见认真学习的学生，在课室里面的学习却是热闹紧张。

2. 德育工作。美国学校是不设班主任的，但学校有道德导师，道德导师平时一般不上课，当某些学生出现问题时，道德导师会个别教育，甚至到班级给学生讲讲话。学校德育工作特别注重强调学生的道德实践，注重从小事和细节做起，有较强的针对性和实效性。学校文化、班级文化建设都富有特色和个性，学生的文明素养水平较高。学校对安全工作非常重视，学校员工和学生都要凭证进出学校，学校都是封闭式管理，有的学校专门配有安检设备，陌生人进入学校要实行安检。2016 年 11 月 10 日上午，我们观摩了波姆庞柏诺滩高中退伍军人节，在庆祝大会期间，空中先后盘旋着两架警用直升机，这在国内是无法想象的，看来美国对学校的安保工作确实是不遗余力的。

3. 走班制。我国学校实行学生坐班制，而是美国学校实行走班制，每位教师有自己的教室，每个教室也是每位教师的"家"，教室里基本的生活用品和设备基本齐全，教学设备也全部配套，老师一直在自己学科教室上课和办公。"铁打的教室流水的学生"，学生按课表走动到不同的学科教室上课。走班制的学生，第一，每节课都有不同的学生组合，学生的适应能力在平时的教学活动中养成；第二，每节课可以根据自己的兴趣来选择选修的科目，学生的学习兴趣和特长得到充分激发；第三，每节课都在不同的新环境，对学生的观察能力、领导力等的培养在"润物细无声"中形

特色纪念品展示

成。由于学生没有固定的教室，所以他们每节课都必须转换教室，而且必须在5分钟内完成。

4. 教室布置。我刚开始时无法接受美国学校的教室布置，和我们的教室窗明几净、整洁有序不同，他们的教室显得"杂乱"——各种各样的图片、旗帜，甚至纪念品、手工作品等贴满、挂满了墙壁。我看到一位教师在黑板上挂了50多个来自全球各地的纪念品，一问才知道，他每去一个地方旅游就会带来当地的特色纪念品，并把它贴到黑板上展示。老师很自信地介绍这是他将丰富的阅历向学生具体展现。我们的课桌横竖都有章法，可是他们的桌椅摆放各不相同，有摆成一圈的，有摆成三角形的，有摆成长方形的，他们的老师认为只要有利于组织教学，有利于学生学习、调动学生的积极性，怎么摆都行，形式不应成为最关注的内容。在小学阶段的教室里还铺有一块地毯，需要集中讲授时，老师召集学生集中坐在地毯上，老师则坐在椅子上近距离交流。带着疑问，我们请教后才知道，他们的教室貌似"乱"，

教室布置区域划分

其实学习区、讨论区、操作区等区域划分非常明显，这些都是根据学科特点和学生年龄特点布局的。学科教室的设计为学生上课创造了一个耳濡目染的学习环境，也便于在学校开展学科的选修课程，使各种资源得到最大程度的利用。同时，学生由于没有固定的教室，故学校在走廊内为学生提供了专门的场所给学生存放书包和学具，并且是一人一橱。师生都能以教室为平台，展示自己的创意、才艺，教室就像一个温馨的家，让人心情轻松、舒畅。

5. 课程安排。美国每个州都有自己的教育法规和课程标准。小学实行包班制，初中和高中实行包科制，老师负责教材选编、课件设计、上课、批改作业、辅导差生、思想教育、教室布置等。初中教师一天 6 节课，每节 50 分钟；高中教师每天 3 节课，每节 90 分钟。须特别说明的是，在佛罗里达州大西洋大学附属学校中，高中生往往只有九年级的学生，十至十二年级的学生很多都在选修大学学分了。学生在九年级受到密集的训练，以便第二年就可以到大学选修课程了，学生在高中可以修得很多大学学分，有的甚至修满大学学分，在高中毕业时已经拿到大学文凭，他们更渴望到科研所去。对于义务教育阶段的学生，他们也不会限制学生，发现有能力超强的学生，会尽快让他们选修高年级的课程。学校提供很多双修课程给学生学习，学生完成的课程学分大学是承认的。另外，学校的老师可以去大学选修任何课程，并做研究，做学习型的老师，而且大家互相帮助，是学习共同体。我常常感叹，美国的孩子真幸福，他们能够学习自己喜欢的东西，能够说自己想说的话，能够有各种舞台展示自己的才华，能够在教师家长的真心支持下去追求自己的梦想。

美国学校也十分重视学生的基础教育，依然对学校和教师进行考核，教师每年都要接受教育主管部门的考核——马扎诺评价系统，并向社会公布学校和教师的考核结果。

6. 家长到学校做义工。在美国，学生家长不仅参加学校的管理，很多学生家长还到学校做义工，帮助学校提供后勤服务、教育学生、筹款或其他活动。由学生家长构成的学习顾问团体也会来校协助做课程规划和学生成长规划等。家长之间也会互相帮助，老生家长会帮带新生家长。让我感觉到美国的家校合作教育的确落到了实处，而不是纸上谈兵。我们在参观中发现，几乎所有学校的校长和教师都非常肯定家长在学校教育中的作用。

7. 学生使用高科技产品。和我国想方设法禁止学生在校园使用包括手机在内的科技产品不同，美国学校甚至向学生提供各式高科技用品，并且鼓励他们使用。比如佛罗里达大西洋大学附属高中学生每人配备一台平板电脑，高中课程所有内容都在电脑里面。学校的机器设计课程是与大学联合的，他们充分利用大学的软硬件资源，让孩子从小就和大学教授一起研究、实验。另外，还充分培养学生的动手操作能力，比如学校的3D打印机坏了，要由学生自己维修，教师会鼓励学生去解决问题，帮助学生如何系统地思考问题。孔子曾经说过："学而时习之，不亦乐乎！"后代很多老师错误理解了孔子所说的本意。在当时，"学"是"学习"，偏重于理论；而"习"是"操作"，偏重于实践。孔子想要表达的是在学习的过程中，把学到的东西运用到实践之中，在实践中检验，而不是学习、学习、再学习，只有动脑和动手结合起来，那才是快乐的事情。

8. 环境教育。学校和家长高度重视对学生及孩子的环境教育。2016年11月1日，我们考察了大西洋大学的pingjoy环境教育研究中心。让我感受最深的是美国政府对环境教育的重视，民众的环境保护意识强烈，学校坚持环境教育。在美国学校，环境教育是一门重要课程，学校每学期都会组织各式各样的与环境教育有关的实践活动，培养学生的环保意识，即使是一些办学条件相对薄弱的学校，环境教育依然是不可或缺的一门课程。在高中和大学，环境教育的成绩还被列入必修学分。在许多美国家庭（主

环境教育研究中心

要是中产阶级），家长也十分重视对子女的环保教育，他们会鼓励和带着孩子参加各类环保教育活动，花钱让孩子参加环保夏令营，并在日常生活中处处示范环保行为。例如，他们积极参与垃圾分类，尽量选择健康环保的出行方式，爱护花草树木和小动物等。

9. 与家长的联系。美国社会十分重视对人隐私的保护，在中国十分推崇的家访，在美国却基本行不通，除非学校实在无法联系到家长，或者学生存在较为严重问题，而家长又不配合，学校才会安排老师上门家访，或者告知社工组织，由社工协助学校进行上门家访，一般的访问都是借助网络进行的。

10. 充分尊重个性。美国教育很少有统一的东西，比如没有全国统一的教材，各州、各学区都可以自主安排；没有统一的校服，可以充分展示自己的个性；没有统一的发型要求，学生染发、烫发甚至留怪异发型等都不会受到干涉。

☀ 三、启示：激发学生的发展潜能

通过对比思考，我认为美国教育成功之处在于自由言论表达和批判性思维的应用，学生敢于和善于表达自由言论、运用批判性思维，这些优秀品质，是对学生潜能充分激发的结果，反之也有利于学生潜能的激发，从而形成良性循环。主要表现在以下几个方面。

（一）个性张扬

走进美国学校课堂时，学生的个性张扬首先从个人的着装打扮就已经充分展现出来，他们极具个性化的服装和发型，足以证明美式教育对学生爱好和兴趣的尊重。陪同的学校老师说："他们的成长几乎没有受到外来的压逼。"当然，没有压逼的学生太自主了，也可能长歪了！教室墙壁上贴满学生自己的作品，学生们能互相欣赏作品，为自己而骄傲，而不是只能看到别人的"好作品"，因此美国的教室看起来都是五颜六色的，每个教室既体现了老师的性格，也张扬了师生的个性。

（二）阳光自信

美国课堂上，孩子们的阳光和自信给我留下深刻的印象：举手提问的争先恐后、演讲互评的从容大方、艺术表演的精彩专业、分组讨论的求助互助等，都显示出学生在家庭教育和学校教育中受到深度民主、平等、尊重的影响。对于课堂上来访的中国客人，他们都能平常对待，有些孩子在见到我们时还摆出各种姿势，他们没有像国内那样讲究尊师重道，进门起立鞠躬问好，手要折叠放在桌上，但还是被要求坐好放好，起码不要影响别人，也要尊重老师。他们在"形散神不散"的课堂中，内在潜能的激发显得从容、自信、阳光。从课程内容上看，我国学生的文化基础知识更扎实，比赛更显从容、自信、阳光，学生的发展更加均衡。

（三）包容合作

美国课堂上，老师提出问题，学生分组讨论，然后小组代表回答问题，是普遍的教学模式。很有意思的是，我观察了小组讨论后发现，并不是推组长来回答问题，而总是有同学主动回答，这一点我很受触动，我们中国课堂应该如何培养学生的主动性呢？要怎么样才能激发学生的激情呢？分组讨论是我重点观察的一个环节，学生们的集体智慧在碰撞中发出火花，形成统一的认识就是答案，而得到老师的肯定后，小组的同学都会激动的欢呼，这种包容合作的师生关系、同学关系难道不值得我们学习吗？美式课堂老师在讲课的过程中，学生随时举手提问，或坐姿随意，老师都并不觉得受到不尊重，而老师上课有时坐在课桌上，学生也能接受，小小的细节足以体现课堂的和谐。

（四）自主创新

走进亨德森学校的课堂，我感到惊讶！在生物课堂，学生们自己学习规划的呈现、学习动手操作的认真，令人称赞！在理科工程选修课程的课堂里，我们遇到一位小学六年级的学生，他有自己的项目，在老师的点拨后，他使用电脑制作模型，真为他点赞！在科学课的课堂上，学生们在讨论"影响气候的因素"时，合作在电脑上查资料，用模型展现，轻松而富有成效。

这种普遍的育人模式，开发人的大脑，激发人的潜能，自主创新真真正正从课堂开始！

我国学生文化知识扎实，考试训练系统有序，再加以专业辅导探究，激发人的最大潜能，我们的教育更加均衡，我们的自主创新也很棒的！

中美教育各有特色，各有千秋，扬长避短，择其长而学习，一定能帮我们走得更远！

2016年12月，本文发表在《华南师范大学中美国际交流项目成果汇编》

（华南师范大学基础教育培训与研究院）

赴美国、加拿大教育考察学习与思考

2012 年 4 月，在省教育厅的精心安排下，我们广东校长考察团一行赴美国、加拿大进行教育教学能力培训。我们聆听讲座，深入课堂，观摩教学，走访师生，体验课堂，反思比较，形成了关于美、加中小学相对完整而深刻的印象，这印象虽不能像专家学者那样专业系统，但对其感知是新颖、真实、鲜活、直接的。

一、课堂——美国、加拿大中小学教育的阵地

之前，我道听途说，美国的学生课堂很随便，上课学生不编固定座位，经常走动，可以随意做自己想做的事，甚至可以吃零食，这种糟糕的课堂必然带来糟糕的学习成绩，考试自然比不过中国学生。还比如比尔·盖茨读大学中途退学后自学创新，成为当今全球首富，这说明美国的教育培养的学生很有创造性，而中国的教育培养了应试的学生等。种种听说的情况，到底真相怎么样呢？在对美国、加拿大的学校进行实地考察之后，我想描述一下真实的情形。

在美、加中小学里，每个教室配属给一位教师，学科教师是"坐班制"，学生是"走班制"，即教师的教学地点是相对固定的，而学生的学习地点是流动的。每个教室即是教师教学、学生学习的地方，也是教师的家、学生的家。

阿拉米达中学（Alameda High School）校长告诉我们："根据州政府的法律规定，每个教学班最多只能有 35 名学生。"在实际课堂当中，每个教

室都只有二三十名学生，学生或分列整齐而坐，或分组相围而坐，或集中席地毯而坐（在洛杉矶哈姆顿小学见得更多），都是因为教学的需要。教室里配备了相应的生活设施，如热水、冷水水龙头，卫生间，有书橱、教师的办公桌，办公电脑；有现代的教学设施，如电话、教学电脑、投影仪等；教室的四周是教学文化布置，有教学用图、教学辅助材料等，更多的是学生的学科作业、学生作品展示。总之，教室的布置各具特色，学生作品内容张扬个性，类别多，富有创意。走进教室，就像走进学习超市，这个"教室文化"从不同角度濡染学生品格，激发学生想象，张扬学生个性，触发学生创新。

在美国，每个学生入学，学校都会对学生的实际情况逐一咨询，并为学生制订课程计划、发展计划。阿拉米达学校校长说："根据学生层次分到不同的班。"计划不同，目标不同，课程设置也不同，深浅层次也拉开。

在美国，英语和数学是中小学生必修的两门主课，另外还有哲学、科学（物理、化学、生物、地球学、天文）、社会科学（美国史、世界史、经济、时事、心理学、社会学等）、体育等科目。美国对英语教学的重视程度远超其他学科，美国人认为语言是基础中的基础，只有学好语言，才能实现对其他科目的理解，也能在社会上与他人交流合作。在美国阿拉米达中学和加拿大多伦多国际学院，我们都碰到中国移民的学生，在与他们的交流当中，一位来自天津的学生告诉我，刚到美国，要在初级英语班学大约半年的英语，等到基本能用英语交流了才进入中级班，大概一年半后，才真正地进入课堂学习数学、科学等知识。

在美国中小学的课堂上，教师的角色很重要，教师要根据课程标准和学生的实际情况，撰写制作质量高的学案，学案的学习目标、任务要精准。哈姆顿小学校长说："课堂之前与老师讨论是要教些什么，回头看老师教得怎么样，期末再与教师回顾有没有落实期初的计划，落实得怎么样，再上报州政府，按州政府的标准来评价再反馈给学校。"教师普遍采用积极性教学，特别讲究教学策略，着眼于学生的学习兴趣，关注学生的学业发展，注意学生的动手能力，培养学生的想象创造能力。

在美国中小学课堂上，学生始终处于学习的主体地位。自由发言、自查资料、注重过程体验、注重学习探究的方法，不注重探究的结果，享受学习创新的快乐。在一节中学科学课上，每4位学生分成一组，老师布置完以后，有的学生拿着医生用的听诊器在摆弄着，有的哈哈大笑，有的互相讨论，开始我还以为课堂乱了，一问才知道课题是听诊器的应用与急救，听诊器怎么使用，急救过程中怎样应用，学生动手操作，互相讨论，发挥联想，用自己的思维和知识来表达，形成对社会生活中的知识认知。这种教学方法如果发生在中国的课堂上一定会被认为"乱堂"了。但这也正反映了两国课堂教学的差异：美国注重让学生了解科学的基本过程，注重感受；中国注重让学生掌握已有的理论原理，注重结果。至于之前途说的美国中小学课堂上学生随意做事，秩序很乱，这是一种误解，我认为这并不是我们传统意义上的"乱堂"，应该理解为管理人性化、个性化的体现。我个人有个肤浅的感悟：学生在动中学习，在玩中学习，只要不离开学习，总比在课堂上睡大觉强百倍。

在美国，学生每天上午8点到校上课，下午2点到3点就放学，没有严格的上课、下课，学习过程当中知识到一小段落，就休息15分钟，中午吃饭大约用30分钟，中午不休息，从上午上学到下午放学，基本都在教师课堂上。又因为美国中小学课本是循环使用的，每个教室进门都有一个书柜放着课本，学生进来时拿着课本，放学时把课本放回原位，学生每天要把课堂上老师所布置的作业抄回家，上网查找资料和抽时间到学校图书馆找资料来完成答案。

其实美国教育非常注重纪律，注重规范教育，但美国教师更多的时候不会采用专横干预的手段来维持纪律，他们往往将选择的权利交给学生，让学生对自己的行为负责。如学生不完成作业时，老师就会问："你选择积极参与学习，尽快完成作业和大家一起到外面去玩，还是大家在玩的时候，你在校长办公室反思呢？"将选择的权利交给学生，引导学生明白自己应该选择什么，责任是什么，也许正是我们的教育所要追求和学习借鉴的东西。

二、学校——美国、加拿大中小学教育的摇篮

美国没有全国统一的教学管理制度。联邦政府不办学，只为全国的教育

事业提供原则性指导，教育管理的权限归属各州政府。中小学教育主要由各州教育委员会和地方政府管理，负责拨款事宜，制订有关教育计划，如制定课程标准、教学大纲等。州以下的市、县等行政单位设有学区委员会，但只起到督学的作用，真正意义的教育机构和教育单位是学校，也就是说要了解真正意义的美国教育就要了解美国的学校。

美国的学校在教学管理上拥有很大的自主权，可以根据学校的实际和特点，自行制定课程标准和教学大纲（参照地方政府关于课程标准和教学大纲的意见）；自主决定教师的聘用和组织；自主选择教材或编写教材；自主决定与各类课程相适应的教学组织方式；任课教师在学校达到教学目标后，拥有选择教材和教学组织方式的权利；学生可以根据自己的兴趣选择自己喜欢的老师和课程。

美国教育最大的原则是：讲求教育平等。每一所学校都有自己的办学思想和办学理念，但首先必须保证每个人平等地接受教育的权利。美国的学生满5周岁，每年9月2日前，在家庭居住地就近入学。区域内的学生一切教育费用由政府负责。哈姆顿小学校长告诉我们："学校每年有20多个名额招收外区的，以抽签的形式确定，他们的午餐费是每天1.25元，由家长负责。"

最能体验美国享有平等教育权利的是美国的特殊教育。美国没有单独的特殊教育学校，但每所学校都有一批特殊教育的教师，他们持有特殊教育的证书，对学校的智障残疾学生进行教育。在阿拉米达中学，一个特殊教育的教室里共有3名学生，3位教师负责3位智障学生的教学，约每两个小时轮换一次；教室的布置及生活用品、教具等都根据学生的实际配置和布置。哈姆顿小学校长告诉我们："对于智障的学生的教育，首先是学校教，不行再与家长联系，再不行就征得家长同意请心理专家辅导。"

在哈姆顿小学，我向校长请教："学校的品牌和办学的特色是什么？"回答是："我们没有品牌和特色的概念，我们只知道老师与学生的互动，师资是最重要的，教学方法最重要，我们教学生如何自主学习，教学生如何学好知识，教学生如何适应生活和社会。"这给我们中国校长一个很大触动，我们的办学理念是不是要有针对性的反思？

在加拿大多伦多国际学院，校长对办学的诠释更加有意思："学校要创造一个学生能够进入一种完全开发潜意识的教育环境。"他引用加拿大谚语"你可以把马带到河边，但不能强迫它喝水"，更直观地阐述了教育的方法和思想。

由此可见，美国、加拿大中小学教育特别能体现教育的社会属性和人文本质，从而能高度有力地服务于国家高素质人才的培养和社会适应性人才的培养，而在这些方面，我们的教育恰恰被应试教育严重伤害了。正如中国课程改革的口号是"怎样让学生自主学习、合作学习、探究学习"，加拿大课程改革的口号是"成长式的成功"，所体现的正是我们与美、加学校教育观念的根本差别。

在美国，校长主要是创造好的环境激励每位教师和学生。阿拉米达中学校长说："我每天花两个小时去听课，是定期观摩教学，与教师交流，不是评课，是互相促进，根据实际情况，有时立即反馈，以鼓励为主，有时写笔记，在网上与老师一起讨论，另找时间面对面互相学习。"美国教师的工作量都很大，小学实行包班制"，中学实行"坐班制"，教师与校长签订合同后，就按合同所制定的目标开展工作，在平时和学年末要接受教学评估，实习期评估很严格，转为正式教师后相对轻松一点。评估的标准各州不同，如加州对教师的评估：一是学生考试成绩；二是学生情况与其他学校进行对比；三是问卷调查学生对老师的喜欢程度、学生的学习主动性等。如洛杉矶实行州政府对教师进行测试并现场观摩等。

同时，美国中小学教师职业发展与大学联系紧密，大学专门为中小学教师进行职业专职培训，大学教师深入中学课堂，了解教师在做什么、怎么做，然后提供有效的指导。大学的研究理论引领中学的教育教学方向，中小学提出需求，让大学根据具体情况提供持续的发展资源，特别是培训教师的专业发展。这与我国的各自为战，中学与大学严重脱离，理论与实践两张皮、各自发展，有着本质的不同。

在美国、加拿大培训学习期间，除教育教学能力培训外，我们尽可能多地了解、接触、感受一个全新的社会，初步印象：蓝天白云，空气清新，汽车让行人，食品安全，买东西后可以无条件退货，排队不插队等。美国义工

很多，学校都有很多家长自愿当义工等。由于国情不同和发展差异，教育风格不同，但各有优势、各有特点、各有长处。随着改革开放的深入，我国教育课程体系不断完善，硬件设施的投入大幅增加，我国的师资力量雄厚，注重学生习惯培养，作业训练规范，学科基础扎实等，都是美国教育所缺失的。只要知己知彼、取长补短、务实创新，一定能找到适合自己学校教育发展的阳光大道！

2012 年 11 月，本文发表在《师资建设》

（总第 189 期，CN 刊号：50-1038／C；ISSN 刊号：1008-6390）

激发潜能　适性扬才

——新时代两岸中学生关键能力培养点滴体会

能力： ability，是一种处理并完成事情的资本与潜在力量。从哲学意义上讲，能力是指人的内在素质的外化力量；在心理学中，能力是人顺利完成或实现某种活动所必须的心理条件；从素质与能力发展的关系上看，能力的发展与提升，需要具有良好的心理品质，正确了解自己的需求，正确评估自我，正确的方法和步骤，以及人际沟通能力，这是一个人走向社会、走向成功的关键。

在新时代，随着社会的发展，社会环境已经发生了巨大的变化，而科技飞速发展，引起了一系列的社会变革，因此，学校教育必须由过去的知识传授转变为能力培养。随着信息时代的到来，学生本身处在一个不确定成为常态的环境中，信息时代要求融合多种技术和资源，并要求个体（学生）能够提供有效的解决方案，即在更宽广的范围内有解决问题的能力，这是每个个体（学生）应该具备的关键能力。

关键能力： 是指在现代社会中，对于每个人的个人发展和社会发展都至关重要的能力。"关键能力"一词最早由德国劳动力市场与职业研究所所长梅腾斯提出，虽然一开始只适用于职业教育，但现在已成为教学改革的指导思想。对学生个体而言，关键能力的培养在于，使学生形成扎实的知识和技能、良好的习惯，包括行为习惯和思维习惯，特别是批判性思维；锻造学生良好的性格，包括人格养成、融入社会、职业规划、家国情怀等。

带着"如何培养学生的能力，尤其是如何提升学生的关键能力"的思考，

2017 年 11 月 12 日至 11 月 26 日，我们广东省中小学新一轮"百千万人才培养工程"第二批名校长培养对象 20 人，赴台湾地区开展交流学习。

通过对台湾地区学校"浸入式"的观察和体验，聆听台北市立大学、佛光大学吴清基教授、邱世明教授、彭台临教授等专家的演讲，深入台湾师范大学附属高级中学、嘉义高级中学、台中市私立青年高级中学等学校的实地考察，进课堂听课，参与学生互动等具体的体验和感受，对比反思，我们对新时代两岸中学生关键能力的培养有更进一步的体会和认识。

广东省中小学新一轮"百千万人才培养工程"第二批名校长培养对象赴台研修

归结起来，我认为，新时代两岸中学生关键能力培养主要体现在以下几个方面：

第一，关于批判性思维的培养

从本质上讲，批判性思维是对原有判断进行大胆的批判质疑。它能使学生具有灵活、富有创造性的原创想法；对事物有不同的想法和见解，具有自己的思考能力，能够找到通往目标的最合适的路线，并且能恰当地表达自己的观点和情绪。在大陆，传承几千年的儒家文化已深入人心，温文尔雅、得体大方已成为每个人言谈举止的方式，在学校，班级组织教学主要以"坐班制"为主，以教师为主导，学生为主体的素质教育模式深入人心，学生规范性强，对老师、同学的规范有礼貌，比较正规。特别是在广大农村教育，孩子对老师比较尊重，对于老师所讲的内容认为就是对的，很多家长教育学生："在学校要遵守纪律，听老师的话。"这种尊师守纪的优良传统，一代一代相传，积淀形成优良的中华传统文化。因此在课堂上，学生提出的质疑都以解决问题的方式出现，就像很多家长教导孩子一样："在学校有什么不懂的要及时请教老师。"因此批判性思维的表现来得文雅大方，就像奥林匹克运动核心价值一样：卓越，友谊，尊重。确定目标，追求卓越，激励人勇往直前；比赛是友谊，"比赛面对的是对手不是敌人"，在竞争中建立友谊，提升自我；尊重对手，"比赛赢了，拥抱对手，不能轻视对手，离开了对手，你什么也不是；比赛输了，和对手握手，表示祝贺"。"卓越、友谊、尊重"的价值观体系影响着全球青少年的健康成长与和谐发展，影响全人类平等尊重与追求和谐社会的理想。

在台湾的第一个讲座，聆听台北市立大学邱世明教授关于《台湾学校行政

台北市市立大学邱世明教授在讲课

领导与教学理念的变革》的演讲。其中，关于教学革新的批判思考，就是针对台湾地区的实际情况提出的教学改革。邱教授讲，"我们花很大的力气教学生已经知道的答案，花很大的力气在教现在已经成就的优秀"；"带回当地所产生的疑惑，产生的变革"；"知识来自于人的创新"。他向我们讲述了教育改革的重要性和必然性，由此可见，社会要进步，就要有知识，知识来自人的创新，创新来自对现实的思考和质疑。

在台湾，课堂教学主要以分组讨论、推选代表发言、全班讨论的形式较为普遍。很多时候，以老师提出问题，学生集体回答或抢答的形式出现。无论老师讲课讲到什么时候，学生只要有疑问，随时都可以举手提问，而且不用站起来，坐在原座位上就可以。在台湾师范大学附属高中，由王靖华老师执教的地球科学课，老师下载当天（2017年11月14日）的卫星云图照片，让学生从生活中身边的事开始讨论

台湾师范大学附属高中王靖华老师在上地理科学课

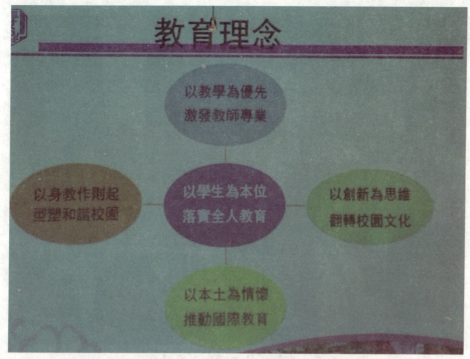

高雄市市立高雄女子高级中学黄秀霞校长的教育理念

"成云致雨的自然过程"，学生每6个人分成一组，用自己所掌握的知识，对老师提出的问题进行分组讨论，自由自愿回答和提问，老师根据同学的回答归纳了四个答案，同学分别举手赞成，其中印象最深的是，王老师随机点了一位学生并发问："你为什么支持第三的答案？"这种紧靠生活的教学，在讨论中互相提问，互相碰撞，形成小组的统一答案，并由学生自愿回答的教学模式，对于培养学生的批判性思维值得学习借鉴。在市立高雄女子高级中学，校长黄秀霞追问："教育的本质是什么？""是激发每个孩子的潜能，让孩子适性发展，达到自我发展。"从大学教授，到中学校长，到课堂的科任老师，都在做同一件事：激发潜在能力，让学生在批判中思考，在思考中学习，在学习中进步，适性扬才，全人发展。

李永亮校长参加学生小组讨论

☀ 第二，关于有效沟通能力的培养

吴清基教授说，"教育是帮助学生的学习和成长""帮助学生适性扬才""培养学生德、智、体、群、美的全人教育"。其中全人教育中的"群"，就是培养学生融入社会，融入群体的能力。

由于讨论式课堂的教育模式在台湾是主流，学生适应母语的沟通能力很强，随着思考问题的深入而即兴表现也很普遍。

在中山大学附属国光高级中学的外聘教授的英语课堂上，老师设置情景："假设布置一道作业由小组共同完成，其中有的同学跑出去玩了，只有部分同学完成任务，这时留下完成任务的学生要不要报告老师？"同学们讨论后，每组派两位同学把讨论的观点陈述出来，学生也能用英语流畅地陈述，这种既能用母语也能流畅使用英语的能力，将是学生融入社会进行有效沟通的基本能力，很值得赞赏。

在台湾师大附中、台中市私立青年高级中学等学校，我们欣赏了学生的话剧表演、体育运动、探索课程等，对学校在指导学生利用社团的平台，根据自己的兴趣和特长，选择自己喜欢适合的社团，为进入社会入职锻炼自我，有更直观深刻的体会和了解。高雄女中共开设 60 个社团，区分为服务、音乐、文艺、戏剧、学术、运动、舞蹈及校队等八大类，并发展学生自治团体班联会、社联会等，办理校内外各种活动，充分展现青春的热情与活力。

在大陆的教育中，我们更注重学生扎实基本功的训练，规范的语言表达能力，团结友爱的生命共同体意识的培养，为学生进入社会进行有效的综合训练。

☀ 第三，关于创新能力的培养

创新能力的培养是时代教育的主题。在大陆，随着核心素养和新课程的实施，创新能力的培养已经成为学校教育的一项核心内容。如何培养学生的创造能力？我认为大陆更强调学生的知识积累、知识经验和秉性兴趣。人的能力往往是以知识为依托，没有厚积哪来的薄发？没有足够的知识、理论为基础，又何来创造可言？因此，要培养学生的创造力，必须打好牢固的知识地基。在创造过程中，经验也扮演着至关重要的角色。在学生对知识形成深刻理解的基础上，建立既有的知识结构与当前直接经验有密切的联系，才有更利于他们有效运用创造思维，将获得的知识经验，以流畅、灵活、富有独创性的方式迁移到新的学习情境中来，最终创造出有意义或有价值的东西或作品。

兴趣是最好的老师，是通往成功的云梯，找到自己的兴趣所在，便是找到隐藏在云间的那把梯子，那个与成功彼岸最近的点。往往具备较高创造性的个体，都有强烈的好奇心、抱负、动机，在自己兴趣浓厚的领域乐此不疲。所以，要培养有创造能力的学生，要从培养他的兴趣抓起，从激发和维持他的兴趣入手，他浓厚的兴趣升级为探究志趣。

新的课程改革推动了学校的课程建设，学校为学生提供一个开放包容、尊重个性、鼓励创造的发展环境；开设了丰富多彩的创造创新课程，给学生提供创造创新平台及机会，鼓励学生自主创造、自由创新。这对培养学生规

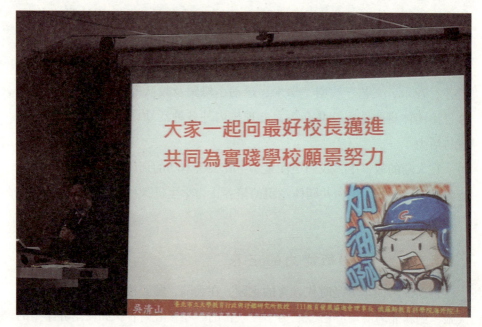

台湾教育研究院吴清山教授在讲课

划人生发展、走向社会实践更具有实际意义。

这次到台湾交流学习，我们参观了台中市私立青年高级中学。这所学校在台湾地区首创提出"探索教育，体验学习"，突破传统教育方式，以实际体验活动引导学生自我反思、学习沟通、信任、领导与被领导、问题解决、认同团队等，使学生自我成长。我们观摩了学生高空挑战独木桥的现场课，对学生在活动中所表现出来的勇于挑战、大胆尝试、团队合作和相互鼓励精神很欣赏。据赖建成校长介绍，该校曾经有一位同学在高空独木桥上第一次挑战开始很恐惧，站在高空独木桥上闭眼思考 38 分钟，思考了应对的方法，终于慢慢地从起点走到终点；第二次他用 5 分钟的时间就完成了任务。在很多学校，我们最常听到校长们讲："我们注重设想孩子在 10 年、20 年后要怎么生活，现在我们应该教他们如何去适应 10 年、20 年后的生活。"校长的教育观念和教育教学实践相结合，激发了学生的好奇心和想象力，激发了学生的创新思维，在一天一天的成长中，养成学生创新人格，追求国际视野，追求未来美好生活的创新思维习惯，很值得我

们去学习和反思。

　　新时代，新思维，在信息时代调整发展的今天，只有积极地激发人的潜能，使正能量迅猛发展和传递。两岸同胞一家亲，两岸教育工作者要互相学习、互相促进，努力根据学生的特点，适性扬才，帮助学生规划人生、发展特长，把知识转化成能力，共创美好明天！

世界上唯一不变的就是变

——学习熊焰教授讲座的体会

2013 年 3 月 16 日是个好日子，学校很荣幸地邀请到广东省人民政府督学、广东第二师范学院成教院院长熊焰教授为全校教职工开题为"教师教育智慧与专业发展"的讲座。聆听熊教授的讲座，令人如沐春风，豁然开朗，感触良多。

"世界上唯一不变的就是变"，熊教授的开场白立即吸引了我。世间万物生灵无时无刻都在变，随着时间一分一秒地向前，事物瞬间千变万化，从而构成既繁忙而又充满活力的世界。我们每个人如何以不变应万变？如何从万变中求得生存和发展？这需要我们每个人都要有热爱生活、热爱工作、热爱身边的一切来不断地鼓励自己，真正活出自己的精彩来，正如熊教授讲的："人生是需要有喝彩声的。"

教师要有教育智慧。教育智慧是教师在自我更新当中而成为有智慧的老师。那么教师如何自我更新而成为有智慧的老师呢？

我们每年所任教的班级不同，学生变了，合作的同事也变了，学校的要求也变了，等等，变的因素很多，教师应该如何变呢？熊教授讲："好老师的特点：1.友善的态度；2.尊重课堂里的每一个人；3.耐性；4.兴趣广泛；5.良好的仪表；6.公正；7.幽默感；8.良好的品行；9.对个人的关注；10.伸缩性；11.宽容；12.有方法。"并一一给我们解释和解读，好老师的十二个特点，是教我们自我更新而成为有智慧老师的法宝。

教师施展才华的主阵地在课堂 45 分钟，每一天每一节课都在变。教师如何在三尺讲台上显露你的才华，赢得学生的爱戴和尊重呢？这需要有课程智慧、教学智慧、管理智慧和教师的人格魅力。在高考备考中，我们经常教学生："要把书从厚读到薄，然后从薄读到厚。"教师教学也一样，教材只是个例子，只有积极地研讨教材，钻研教学辅助资料，开发教学新方法等，教师才能在课堂上意气风发地展现自我，才能把教师的专业智慧与专业精神有机结合，真正地做到"教师好好学习，学生天天向上"。"教师要成就自己，才能成全学生"，就是我们在课堂45分钟突破变的宝典。

再强势、再乐观、再积极的人，也有倦怠的时候，教师也同样有职业倦怠的时候。那么教师如何实现自我的调节，及时地从倦怠中跳出来，实现向积极健康的变呢？熊教授讲："我们要活出自己的精彩来。"人是活生生的生命体，有外力的鼓励和帮助诚然高兴，自我调节、自我适应、自我开创更加高贵，"经营工作，如同经营爱情与婚姻一样，感情需要专一，职场更需要'聚焦'，换工作，不如换心情"，"教师一辈子要有自己的关键词"，我们每个人都要读懂自己的关键词，才不会迷失人生的方向，才能摒弃"凑合工作"的消极状态，读懂自己，寻找新鲜点，劳逸结合，

熊焰教授（前排中）与学校行政班子合影留念

选择积极向上的态度，乐在工作，将工作变成一种享受，"为自己工作，不是得到就是学习"，享受工作，学会把职业当成事业来发展，我们既有目标，又有乐趣，还学会享受工作、享受生活，这样一来，倦怠肯定逃之夭夭，我们又何乐而不为呢？

我们的工作在变，我们家庭也时刻在变。教师如何"家校合作"，做到家庭、事业两不误呢？熊教授提醒我们："女教师要有一份属于自己的职业，男教师要养活自己、养活家人。"男教师要勇于担当，女教师更不容易。好老师的三条标准："第一，应该把自己的孩子教育好；第二，看上去至少比实际年龄年轻3岁；第三，看上去就像一个'教师'。"三个标准是在家庭和事业两不误的风向标和思想行动指南。"好老师不是大学培养的，而是在岗位成才的"，我们只有站好工作岗位，扮演好在家庭的正确角色，才能"出得厅堂，入得厨房"，才能成长成为学生满意、家长放心、同行佩服、社会公认、生活幸福的现代新型教师。

本来预计两个小时的讲座，一直延长到两个半小时才结束，教师们脸上有笑容，学校有新希望。成功地做事，快乐地生活，快乐比成功更重要。

继承创新　和谐发展

——新课程改革背景下普通农村中学办学点滴谈

　　我校位于揭东新亨镇，前身是始建于南宋初年的"蓝田书庄"，为潮汕地区最早创办的书院，至今已有 800 多年的办学历史，现在是一所普通高级中学，学校占地 16 亩多，2007 年在校生 2500 多人，教职工 136 人。高考成绩连续 6 年获县普通中学第一名。2007 年高考成绩再传捷报：全校 529 名考生，上线 422 人，其中上本科线 93 人，比 2006 年增加 33 人，再创历史新高。学校各项事业不断壮大和发展，于 2006 年兴办蓝田中学分教处，并且取得显著的教学成果，2007 年高一级各科参加全县统考，平均分均列全县第一、二名。取得这样的成绩，那是因为我们积极稳妥地实施新课程。在新一轮课程改革中继承创新，保证课程改革科学、有序、高效地展开，和谐发展。下面谈我们对新课程的学习和实施过程的主要方法。

一、学习

　　新课程改革是对学校教育教学的全面冲击，从教育的战略地位上讲，谁争取主动谁就成功。改革之初，有的人对新课程的理念抱着怀疑和观望的态度，用旧方法来对付新课标，使新课程在实际操作层面走了样。而更多的教师是苦于没有找到可以落实新课程观念的方法，在"新"与"旧"之间徘徊。因此，不论是哪一所学校，都急需一批既有理论高度、能理解新课程理念，又有实践经验和科研成果的校长和教师，来帮助自己解决实

践中遇到的困难和问题，提升对新课程的认识，落实好新课程的实施与评价。因此，我校从 2005 年下半年开始，派出领导和教师近 80 人次到广州参加各种新课程改革的会议和学习班。通过学习，我们深刻认识到党的十六大报告提出的"深化教育体制改革，构建现代教育体系和终身教育体系，建设学习型社会，全面推进素质教育，增强国民就业能力、创新能力、创业能力，努力把人口压力转变为人力资源优势"的重要意义。强调"以人为本，全面、协调，可持续的发展观。"这就是我们工作的指导思想。至于课程改革的内容，涉及的范围非常广泛，包括课程设置，课材内容，课程标准，教学方式、方法、手段、评价等一系列问题。必须改变"五观"（课程观、教学观、教师观、学生观、评价观）。强调三种学习方法。强调"三贴近"。强调以人为本及创新精神和实践能力的培养……要树立新的理念，继承创新才能和谐发展。

二、方法

课程改革是时代发展对普通高中教育提出的必然要求，而有效的变革不仅需要有课程实施的行为方式的创新，更重要的是要有深层次的课程理念和课程制度的创新，并以科学的工作程序和积极的运行机制，保证课程改革的顺利进行。如何结合我校实际，推动整个课程改革工作的实施？我们认为应该时刻保持清醒的头脑，克服办学过程中遇到的各种困难，继承创新，和谐齐进，才能再创辉煌。基于这一指导思想，我校坚持科学的制度管理与人文关怀相结合，进一步开发和利用好宝贵的课程物质资源和课程人力资源，办人民满意的学校；主动探索学校德育工作的有效途径和方法，增强学校德育工作的主动性、时效性、针对性；狠抓教学的常规管理，大胆进行课堂教学改革，向管理要质量，向改革要效益；提高后勤服务效率和质量，树立大局意识、超前意识、育人意识，开源节流、勤俭办事，为全体教职工创造敬业乐业的温馨环境。

第一，加强领导班子建设，实现学校科学化管理

一个好的学校领导班子，就是一所好学校。领导班子是学校大集体中的

核心和主心骨，要拓宽学校生存与发展空间，领导班子就要以崭新的精神面貌，斗志昂扬，解放思想，统一认识，自我加压，开拓进取，不断学习，提高自身修养，增强在不断变化的新情况面前解决问题的能力，实现学校管理的科学化。

1.领导班子成员要成为带头执行党的路线、方针、政策的典范，学习并研读教育理论，提高素质，提高全校工作一盘棋的思想，增强在大是大非面前辨别是非真假的能力，提高抢抓发展机遇、果断决策的能力，增强干好本职工作的本领。

2.领导班子成员要牢固树立学校以教学为中心的思想。经常深入教学一线听课调研，一方面指导教育教学工作，另一方面从教学一线及时发现问题、反馈信息，提高为教学服务的质量。

3.领导班子成员要有强烈的忧患意识、发展意识、本位意识、责任意识、服务意识，遇到问题不等、不靠、不推诿，创造性地完成本职工作。

4.建立全方位、立体化的管理模式，努力推进学校分层管理。决策层、管理层、操作层职责分明，管理环节要做到程序化、精细化，学校工作处处有人抓、事事有人管。管理层要突出实实在在抓好落实，操作层要不折不扣高效率完成任务。

5.完善周工作计划制。各处室、年级组要依据学校行政会讨论制订的周工作计划认真执行落实，发现问题及不足之处及时反映，不断提高行政班子的决策能力。

第二，落实"成人、成才、成功"的育人目标，加强和改进学校德育工作

德育是解答学校培养什么样人的问题。德育，为学生提供在漫长的人生中始终拥有进取的动力。每一位教职工都不能以抓智育为借口而忽视德育为首的地位，只有扎扎实实，坚持不懈地抓好学生的德育工作，才能真正落实教学工作的中心地位，才能换来教学质量的不断提高。

1.发挥德育主渠道作用，在课堂教学也要贯穿德育的内容，尤其是政治课、班会课一定要突出育人的功能。

2.抓好班主任队伍建设。定期召开班主任会议，政教处要用先进的教育理论指导班级管理，力争用不长的时间把一批年轻班主任培养成善做学生思想工作的行家里手。

3.充分发挥团委、学生会等学生组织的作用。用学生喜闻乐见的形式开展丰富多彩的活动，让学生在活动中受教育、在活动中成长。校团委会要拓宽思路、大胆创新，设置新颖别致的活动吸引学生积极参加，扩大共青团组织在学生中的影响。学生会工作要届届有新招、年年有创意。

4.坚持德育工作从高处着眼、从低处入手的原则。坚持开展"大丈夫不扫一屋，何以扫天下"的主题活动，鼓励学生应从身边的小事做起，帮助学生养成良好的做人习惯。帮助学生实现做一个合格的人（如不乱扔果皮、纸屑等）、一个优秀的人（如能主动捡起一片果皮、纸屑等）、一个高尚的人（如能制止别人的不文明行为等）三个层次的跨越，做一名有教养的现代人。

5.坚持德育工作重在弘扬的原则。政教处、内宿管理人员、团委会要经常利用喜报等形式，大张旗鼓的弘扬好人好事。找亮点，抓机会，及时表扬，让每一个学生从成功走向成功。

6.对学生进行多元化评价，设置不同的奖项，让有特长、有亮点的学生都能获得成功的体验，找到做人的尊严。对学生进行人情化评价，评语中肯、贴切，让学生知道不足，又看到希望，增强自信心，达到激励学生不断进取的目的。

7.突出学生在德育中的主体地位。认真抓好学生升国旗仪式，倡导开展学生爱校义务劳动并逐步形成制度，让学生参与到学校管理的方方面面。在德育工作中要突出以人为本的教育理念，理解、尊重、相信每一位学生都能成功，让学生回归到生活中、参与到活动中，依靠在集体中教育的力量。

8.开展以"书香校园、人文校园、绿色校园"为主题的校园文化建设工程。让师生参与到建设之中，每一位师生的言行都是校园文化的组成部分。政教处、团委要适时、适当地开展丰富多彩的活动，让校园永远充满生机与活力，成为教师敬业乐业、实现人生价值的舞台，学生生动活泼、健康成长的乐园。

第三，坚持教学的常规管理与教学改革相结合，提高办学质量，提升学校品牌

学校的荣辱得失与每一位教职工的切身利益息息相关，学校的兴旺发达无疑必须有高质量的教学效果作基础。全体教职工都树立校荣我荣、校辱我耻的主人翁责任意识，全力以赴关心、支持、服务教学这一中心工作。

1.构建学习型的教师队伍。教师的发展是一个长期被忽略的问题。传统的理解总是把学校仅仅作为学生发展的场所，因此，传统教研在功能上更多地体现为关注研究教材、教法和学生学业成绩的提高，对教师的专业发展关注不够。这导致有的教师从教数十载，其专业发展水平还停留在入职后的初期水平或提高不大。因此，有学者认为，"传统学校，在教师中心、师道尊严背后，掩盖着的是对教师发展的漠视或遗忘"。为此，我校提倡教研在促进学生发展的同时，应当具有促进老师发展的功能，应当树立学校教研组织是老师专业化发展场所的新型教研观念。提倡老师必须尽快成为"新课程的研究者、实施者和创造者"。

2.狠抓教学的常规管理，向铁的制度管理要质量。教务处从教师教学的基本环节（备、讲、批、辅、改、评）抓起，大力抓好听评课制度，灵活做好教学调查和信息反馈工作。学校旗帜鲜明地同任何违反劳动纪律、置集体利益于不顾的行为进行坚决的斗争，对违反学校纪律的人与事决不留任何情面，一律按章办事，体现公平公正公开的办事原则。

3.积极进行课堂教学改革，向改革要效率要质量。实践证明：只有改革才有进步，我校坚持把学生的利益放在第一位，以使更多的学生考入理想大学深造为目标，不等、不观望、不犹豫，顶住压力大胆地进行课时结构的调整，深入开展新课标的探索工作，力争多出成绩、出好成绩。

4.积极进行科研课题的研究，引导教师由经验型向科研型转变。注重科研是现代办学的理念之一，也是学校生存和发展的动力所在。鼓励教师积极申报科研课题、参加学术交流，深入开展课程探究和学术研讨工作，不断推进"科研兴教"的技术课程改革。鼓励教师积极申报科研课题，参加学术交流。

学校的张少萍老师、钟秋桂老师所承担的物理省级立项的子课题实现了我校科研零的突破。

5.以教研组为单位，搞好校本教研活动。实现优异质资源的共享。从备课组集体备课抓起，将教师个人智慧转化为集体财富，提高每一位教师授课的质量。各教研组把开优质示范课、开展教研活动作为教研工作的重点。同时鼓励教师多写经验论文、工作总结等，积极参与各种学术交流活动和评比工作，并通过展示教研成果，向社会推出一批名师，提高我校的知名度。近两年共有30多位老师撰写论文在《揭阳教育》等刊物发表，并在省、市、县各级学术年会论文评选中获奖。

6.高三工作是学校工作的重中之重。年级组把工作抓细、抓实、抓紧，关键是抓落实。各班以班主任为核心形成协作组，分类推进，培优补差，定苗子，人盯人，在班主任的统一部署下进行。坚持"循序渐进，逐步深入"的学习策略，加快第一、二轮的复习进度，为模拟训练提升能力挤出足够的时间。高三备课组加强集体备课，发扬相互协作的团队精神，发挥群体作战的能力和优势。高三教师认真研究高考的最新动向，备好复习课，精选精讲典型题例，在有限的时间内帮助学生归纳解题方法，形成科学的解题思路和技巧。每一位高三教师都成为学生的良师益友，多给学生鼓励和关怀。针对学生的特点因材施教，耐心细致地做工作，满腔热情地做好正面引导减压工作。

高一、高二各年级抓好学习习惯、行为习惯的养成教育。高一重点抓初、高中的过渡，强化纪律。高二防止两极分化，夯实基础、提升能力。年级组常抓不懈、持之以恒，从基础年级开始就瞄准高考，大张旗鼓地制造声势，激励学生追求高品位，强化上本科院校意识。基础年级的教师要针对新课标的特点，积极进行课堂教学改革，讲练结合，以科研为先导，创新教学模式，同时给学生留下当堂练习的时间。

第四，协调发展，后勤保障要及时有力（略）

新课程改革还处于初级阶段，我校的工作还存在许多局限性，随着研究

和实践的不断深入，我们将不断总结经验、虚心学习、积极进取。

"雄关漫道真如铁，而今迈步从头越"，蓝田中学全体师生更以崭新的姿态，昂扬的斗志，不懈努力，锐意创新，迎接新挑战。"提升品牌，再创辉煌"已成为蓝田人共同追求的奋斗目标。

2007 年第 7 期，本文发表在《揭阳教育》

项目管理理论在中学
课堂教学管理中的应用分析

摘 要：随着社会发展的不断进步，我国对于人才的需求是相当庞大的，因此需要对相关的课程教学方法进行改革，以此来促进学生的全面综合的发展，提升教师的教学水平。在这个过程当中中学课堂的教学管理是相当重要的，其中存在的问题是相当复杂的。首先，对项目管理进行了相关的概述；其次，对于在传统教学模式下的中学课堂教学存在的问题进行了分析；最后，提出在项目管理理论下的中学课堂教学项目的实施措施。

关键词：项目管理理论 中学课堂 问题 措施

在 2001 年 7 月，教育部针对新一轮的基础教育课程改革做出了规定，颁发了《基础教育课程改革纲要》。此部纲要的出台，标志着我国的基础教育即将进入一个崭新的时代，对我国的基础教育的课程进行了改革。在新课程的标准当中，建立了一个学习型的课程共同体，以此来对现阶段的素质教育要求的新基础的教育课程体系建立了一套相对符合的系统。在此种情况下，就需要建立起和素质教育相符合的中学课堂教学管理体系进行改革，从而来对中学生的发展起到一个促进的作用。

一、项目管理概述

项目，即为创造出某种独特产品或者服务进行一次性的努力，项目主要体现在一个特殊的将被完成的有限任务，并且需要满足在一定的时间目标范围之内，完成特定的多项相关工作。在项目的完整定义过程当中，首先需要对具有特殊的环境和要求来对项目进行完成。另外，还需要在特定的组织机构当中，利用有限的资源，包括时间、人力和财力物力等方面的资源，可以在规定的时间之内完成。除此之外，还需要满足项目中所规定的要求和规范，包括性能、质量、数量以及技术指标等项目当中的要求。在进行项目的过程中，主要为了满足客户、管理层以及相关供应商提出的相关要求。

项目管理，即以项目为主要的管理对象，可以完成在一定的约束条件下进行项目目标的最优化，并且根据其中的相关内在规律，对项目整体的周期进行科学、有计划的系统管理活动。在项目管理过程中主要是以网络计划技术、责任矩阵以及项目控制技术等相关的理论和工具为基础的指导，并且对管理进行进一步的完善和规划，包括系统性、综合性以及程序化等，最终实现三者的协调发展，保证物质和信息的全面统一。

二、传统教学模式下的中学课堂教学存在的问题

在传统的教学模式当中，教师利用各种教学手段和教学方式来向学生进行科学文化知识的传授，学生可以利用此种方式被动地接受知识，因此主要是以教师和课堂为中心，对教学内容进行传授。在此种方式下的中学课堂教学管理中主要出现了以下几个方面的问题：

首先，在管理的主要载体方面出现片面化的现象。在传统的教学过程中，教师已经成为主要载体，学生在知识的接受方面呈现出被动的现象。在中学的教学管理中，教学管理在对教师的教学进行管理的同时，也对学生的学习进行相关的管理，在很大程度上忽略了对学生学习方面的有效管理。在此种情况下，对教师的地位过分地进行了强调，从而使得学生对于教师的教学方式和教学内容都成为被动的客体，自身的主动意识在无形当中被抹杀。

其次，在组织形式方面形成了僵硬化的现象。在传统的教学模式当中，中学生的教学课堂基本组织形式为班级授课为主，采取集体教学的方式来对学生进行知识的传授。在这个过程当中，教师成为教学中心，推进学生学习。值得注意的是，在不断发展的过程当中，此种方式存在的弊端越来越彰显出来。一方面，班级教学主要强调的是教师在整体教学过程当中的主体地位，从而忽视了学生在学习方面表现出来的主观能动性。长此以往，在不断的学习过程中，教师对于每个同学的学习需求不能给予充分的满足，学生也不能完全主动地进行知识的学习。另一方面，班级教学当中的各方面是高度统一的，对于学生当中的个体差异并没有给予重视。

最后，在管理的氛围方面，中学课堂当中的学习注意力主要控制在课堂的教学内容方面，强调在一定的时间内将教学目标完成。在课堂教学过程中，教师会应用自身所学的专业技能，对学生提出的问题进行不断的解答，从而达到高效的教学质量。值得注意的是，此种教学方式使得学生在整体的学习过程当中成为装载知识的容器，课堂管理的氛围在很大程度上已经受到了教师的教学风格的影响，其中包括放任模式、教导模式、权威模式、群体过程模式、人际关系模式以及行为矫正模式等几种形式。

在教学的评价机制方面存在着单一化的现象。课堂教学评价属于教学活动过程中一种重要的表现形式，已经成为课堂教学必不可少的重要组成部分。在一般情况下，需要对教和学两个部分进行评价，从而对教学成果以及学生学习成果进行全方位的评价。在现阶段的课堂教学评价中，课堂教学评价的手段和方式相对单一，过多地强调选拔的成分，并且评价的主体也呈现单一的现象，过多地重视学生的学习成绩，而忽视了学生在其他方面的全面发展。除此之外，在课堂教学评价的方法方面，一般采用量化的方式，利用纸笔测试的方式来完成评价。

三、在项目管理理论下的中学课堂教学项目的实施措施

在上文当中，对传统教学模式下的中学课堂教学管理中存在的问题进行了分析，在此基础上，需要提出新课程标准下中学课堂教学管理的可行措施与对策，在本文中主要从三个方面提出措施，分别是教学的方法设计、教学组织形式的设计以及教学环境的设计。

在教学设计方面，在教学过程中，需要利用综合化的方式对教学内容进行教学，采取多种多样的教学方式，根据教学目的、对象、内容以及条件等方面的不同，以此来实现不同教学方式组合的方式。教师在对教学方法进行设计的时候，需要对各种教学方式方法理论思想进行掌握，选择出具体的教学方式进行组合排序，并且将具体的教学思想进行具体化，抽象成为具体的方式方法，应用在不同的教学环境当中，根据不同的教学目标内容以及环境和师生，最终形成不同的教学方案。

在教学组织的形式设计方面，需要教师进行教学计划和课堂组织计划，在完成自身教学计划的同时还可以培养学生的自主探索能力和小组合作能力。在进行组织形式的设计之前，教师需要对教学的环境情景进行相关的认知和了解，对其中的内容进行全面的掌握，作为教师来说，需要应用一定的方式和方法，在多媒体设备的帮助之下，对教学资源进行有效的应用，从而使学生可以达到学习的状态。另外，自主课堂的方式是多种多样、丰富多彩的，教师在进行组织的过程当中需要形成以学生为主要的指导核心，对教学的形式进行组织，从而达到有意识的指导。利用自身的教学任务和专业知识来对学生所需要学习的知识方式方法进行不断引导，养成学生良好的学习习惯，形成自主探索的精神。并且，教师还要应用科学的教学策略，对学生的学习兴趣进行不断的激发，锻炼学生对于知识问题的探索、质疑、思考以及解决问题的能力，最大程度地调动学生的主动学习能力。最后，还要对学生进行锻炼，使得学生养成分组协作的习惯，以此培养学生和同学们之间的良好协作能力。

在教学环境的设计方面，在此过程当中，是教学活动当中重要的一个部

分，主要包括物理环境和心理环境两个方面的内容，利用环境来对教学活动行制约作用，集中体现为课堂的教学时空、教学资源以及教学心理环境三个方面。首先，在进行课堂教学时空的设计方面，需要教师来对固定的课时和固定的内容进行组织规划，根据教学的相关内容来对教学时间进行有效的分析，其中包括课堂的类型、学生的把握能力，并且教师还需要对学生进行有效调节，强调学生学习的专注时间。值得注意的是，还需要对教学课堂当中最容易出现的问题进行有效的预测和心理准备。不能单方面地对教学时间观念进行强调，教师可以利用弹性时间及时地来对教学需要进行不断的迎合，使学生良好地融入到学习氛围当中，明确自身的主体地位，彰显出课堂本身的个性。其次，在课堂教学资源的设计方面，教师需要掌握丰富的教学资源的同时，还要利用大量的背景知识和材料来对教学情境进行不断渲染，在这个过程当中可以应用多媒体技术以及多媒体设备，从而构建出整体课堂的个性。值得注意的是，教师需要保持自身教学的本质现象，不能出现偏差的现象，在保证课堂教学成果的同时，也不能出现偏离教学轨道的现象。需要根据中学课堂当中每一个教学环节和不同的特点来进行多媒体技术的应用，从而做到符合中学课堂教学的多元化，掌握课堂教学主动性的同时，帮助学生提升自身的知识技能以及相关的实践应用能力，做好全面、细致的课堂教学设计。

四、结语

综上所述，在学校的改革管理过程当中，中学的课堂教学管理可以保证中学教学的良好实施，在保证教学任务顺利完成的同时，还可以对师生之间的关系进行良好的改善。在利用项目管理理论来对中学课堂的教学进行改革的过程中，需要针对其中一系列问题进行管理，提升教师能力的同时，还需要引进更多的多媒体教学设备。在整体的教学过程当中，教师要掌握课堂教学的主动权，对课堂进行全面细致的设计，从而使课堂更加多元化，更加符合现代对于素质教育人才的要求。

参考文献

[1] 郭卿. 项目管理理论在中学课堂教学管理中的应用研究 [J]. 全国商情，2011，（14）：87-88.

[2] 曹青. 基于项目管理理论的高职院校科研经费管理 [J]. 科技展望，2016，（10）：35.

[3] 肖怿. 高校创新创业项目中项目管理理论的应用 [J]. 课程教育研究，2015，（10）：220-221.

[4] 宋锦刚. 基于项目管理理论的高职院校科研经费管理实践——以江苏财经职业技术学院为例 [J]. 职业时空，2013，（12）.

[5] 刘冬，王香平，薛丽红，项目管理理论在高职院校中的应用及注意事项分析 [J]. 价值工程，2015，（07）：162-163.

2016 年 11 月，本文发表在《中国校外教育》
（总第 576 期，CN 刊号：11-3173/G4；ISSN 刊号：1004-8502）

做求是教育的践行者

2017 年 12 月 7 日至 8 日，习近平总书记在出席全国高校思想政治工作会议上强调，高校思想政治工作关系高校培养什么样的人、如何培养人以及为谁培养人这个根本问题。2018 年 5 月 2 日，习近平总书记在北京大学师生座谈会上再次强调，（大学）关键是要形成更高水平的人才培养体系。人才培养体系必须立足于培养什么人、怎样培养人这个根本问题来建设。作为基础教育的高中阶段，是为大学输送人才的主渠道，直接与大学对接。学校要培养什么样的人？如何培养人？为谁培养人？这是我们作为基础教育工作者应时刻考虑的问题。我个人认为，一个人的教育理念、教育思想、教育情怀将决定其育人价值取向，也将直接影响受到教育的人，不管是学生还是同行。作为一名校长更是如此。校长是学校的灵魂，是促使教师转变教育观念的引领者，是学校教育改革的先驱者，是带领学校改革发展的决策者和实施者，是现代办学思想的倡导者。办学思想是一所学校发展的核心，是治校之本。校长的办学思想和理念决定着学校办学的方向和出路。

作为一名农村普通中学校长，我一直以此作为事业的奋斗目标，在实践的基础上，不断学习探索，逐步形成了自己的教育和办学思想，进一步明晰了自己的教育理想和教育追求，积极思考学校教育的发展和变革。

☀ 一、我的教育追求：求是教育

"求是"，英文 to seek the truth。"求"是追求、探究；"是"，真也。（《说文》）引申为真谛、规律、本质。"求是"在这里，既指探究自然、社会和人本身运动（活动）的奥秘、规律，更指追求真理的科学态度、科学精神。陶行知先生有言："千教万教教人求真，千学万学学做真人。"我们党一向倡导实事求是的思想方法。毛泽东同志曾提出实事求是的科学含义，"实事"就是客观存在着的事物，"是"就是客观事物的内部联系，即规律性，"求"就是我们去研究。对于每一个教育工作者来说，面对学生，如何针对每个人的具体实际、学校周边的文化环境和自身的缺点等情况，去研究探寻一条符合我们的学生发展的道路，符合我们自身发展的教育道路，是我们应该深入去思考、去践行的。因此，我们一定要做求是教育的践行者。

"求是"是追求教育本真。教育的本质是人的培养的问题。陶行知先生指出"千教万教教人求真，千学万学学做真人"，就是指培养出来的人，不做人上人，不做人下人，不做人外人，要做人中人。人中人的道理非常简单，崇尚真善美，反对假丑恶，实现生活本真、做人本真，回归人性，焕发童真；坚持以人为本，人与人之间是平等的、民主的、互相尊重的、相亲相爱的。因此，求是教育实质是一种人本教育，是"为学生的终身发展奠基"的教育。

"求是"也包含勤奋务实、追求真理。中国现代著名气象学家、地理学家、教育家竺可桢曾担任浙江大学校长，他将浙江大学自求是书院以来一脉相承的传统学风概括为"勤""诚"两字。"勤"乃"求是"之径，"诚"乃"求是"之舟。此乃"求是"之本。竺可桢曾在《科学方法与精神》一文中对"求是精神"内涵做了进一步阐述："近代科学的目标是什么？就是探求真理。科学方法可以随时随地而改换，这科学目标、探求真理也就是科学的精神，是永远不改变的。"竺先生还在《壮哉求是精神》的讲话中勉励"求是"学子要勇于实践"求是精神"。只有致力于实践，仰望星空，脚踏实地，勤谨务实，真抓实干，一步一个脚印，才能走出一条办学成功之路。

1. "求是教育"是学校的文化传承

蓝田中学前身是蓝田书庄，于公元 1149 年由南宋兵部侍郎郑国翰创办，

为潮汕地区最早创办的书院，至今已有800多年的历史。大儒朱熹曾在此传道、授业、解惑，并留下"落汉鸣泉"的题字。10年前，蓝田中学占地面积约16亩，校舍主体是建于清朝末期的书院，破旧不堪，教学设备奇缺。尽管学校办学条件落后，但蓝田中学的先驱者们为学校确立的校训"尊师守纪勤奋创新"却体现了最朴素的真理，为学校办学、践行求是教育指明了方向。

尊师——尊敬师长是中华民族的传统美德，学校首先要教会学生尊敬师长，学生才能敬人伦、重友谊，培养良好的道德习惯。

守纪——无规矩不成方圆，遵规守纪是学生在学校求学最基本的要求，是学生养成自律的基础，也是他今后能够适应社会的根本，守纪是最朴实，也是最本真的道德要求。

勤奋——读书离不开勤奋，这是颠扑不灭的真理。这里面包含了蓝田中学先辈们对学子的谆谆教诲和殷切期望。学校教育首先要培养学生勤奋刻苦的精神，并养成一种优秀的习惯和品格，才能实现成功的人生。

创新——创新是学校可持续发展的重要保证，也是新时代的要求，是学校理所当然的要求和行动，是学校进步发展的动力之源，是不可或缺的办学要素。

2. 求是教育是时代发展的要求

20世纪70年代，联合国教科文组织就提出现代教育培养学生的四个支柱：学会认知、学会做事、学会合作、学会生存，同时提出了"学习化社会"和"终身教育"两个概念。所谓"终身教育"，就是在社会生产不断变革的时候，教育要为每个人在他所需要的时候，提供学习的机会。终身教育开始与职业教育相联系，但到学习化社会，终身教育应该涉及每个人的每个阶段，所有的教育都应该纳入到终身教育当中。21世纪初，联合国教科文组织在《反思教育：向"全球共同利益"的理念转变？》这篇报告中提出了反思教育——教育要培养什么样的人？培养恐怖主义的分子，还是培养热爱和平的人？教育的本质到底是什么？这个报告提出，教育应以人文主义为基础，要尊重生命，尊重人格、和平、平等，尊重人的权益，而且要为可持续发展承担责任。

3. 求是教育是国家教育的要求

2010年7月，中共中央、国务院印发的《国家中长期教育改革和发展规划纲要（2010—2020年）》。《纲要》强调要把育人为本作为教育工作的根本要求。人力资源是我国经济社会发展的第一资源，教育是开发人力资源的主要途径。要以学生为主体，以教师为主导，充分发挥学生的主动性，把促进学生健康成长作为学校一切工作的出发点和落脚点。关心每个学生，促进每个学生主动地、生动活泼地发展，尊重教育规律和学生身心发展规律，为每个学生提供适合的教育。努力培养造就数以亿计的高素质劳动者、数以千万计的专门人才和一大批拔尖创新人才。要坚持以人为本、全面实施素质教育教育改革发展的战略主题，贯彻党的教育方针，其核心是解决好培养什么人、怎样培养人的重大问题，重点是面对全体学生、促进学生全面发展，着力提高学生服务国家、服务人民的社会责任感，勇于探索的创新精神和善于解决问题的实践能力。

4. 求是教育是人自身发展的要求

2016年9月，《中国学生发展核心素养》正式发布，明确学生应具备的适应终身发展和社会发展需要的必备品格和关键能力，突出强调个人修养、社会关爱、家国情怀，更加注重自主发展、合作参与、创新实践。围绕核心素养，新时期学校的培养目标应是培养适应未来发展的合格公民，培养具有健全人格、具有创新精神和实践能力、具有合作精神和包容胸怀、具有世界眼光和本土情怀、具有持续发展能力的人。

二、以求是精神为追求的教育管理实践

作为一校之魂的校长，应该具有教育家的头脑，要懂得教育教学的基本规律，懂得青少年的心理特点和成长规律；应该具有思想家的眼光，要正确把握学校的办学方向，科学规划学校的办学目标，精心设计学校的美好愿景。校长应是具备教育管理知识和能力的专门人才，应是具有正确教育思想和深邃教育理论的教育专家，更应该是具有教育情怀的教育家。

著名教育家陶行知先生曾经说过，一个好校长就是一所好学校。要想评论一个学校，先要评论它的校长。由此可见，有什么样的校长，就有什么样的学校。那么，什么样的校长才是好校长呢？我以为，首先必须具备敏锐的

思考力。

思考力是万力之源。校长思考力的强与弱，关系到能否准确把握教育本质和时代特征。因为一个校长要领导一所学校，他首先要做价值判断，要做行为选择。而正确的判断，就表明了学校发展方向的正确，这对于学校来说是至关重要的。这其实也是在考量校长思考的深刻性。我认为，作为一名校长，要认真思考教育的问题，尤其要考虑清楚"想做什么、为什么做、怎样做"这一系列问题。只有想得深、想得远，学校才能走得更远、走得更稳，才能有长足的发展。

（一）文化引领，创建校园新文化，构建育人新环境

校园文化指的是学校所具有特定的精神环境和文化气氛，它包括校园建筑设计、校园景观、绿化美化这种物化形态的内容，也包括学校的传统、校风、学风、人际关系、集体舆论、心理氛围以及学校的各种规章制度和学校成员在共同活动交往中形成的非明文规范的行为准则。健康的校园文化，可以陶冶学生的情操，启迪学生心智，促进学生的全面发展。

校园文化是一种氛围、一种精神。校园文化是学校发展的灵魂，是凝聚人心、展示学校形象、提高学校文明程度的重要体现。校园文化对学生的人生观、价值观产生着潜移默化的深远影响，而这种影响往往是任何课程所无法比拟的。健康、向上、丰富的校园文化对学生的品性形成具有渗透性、持久性和选择性，对于提高学生的人文道德素养、拓宽学生的视野、构筑健康的人格、全面提高学生素质、培养跨世纪人才具有深远意义。

校园文化是学校的一种"教育场"，它不仅能陶冶师生的情操、规范师生的行为，而且能够激发全校师生对学校目标、准则的认同感和作为学校一员的使命感、归属感，形成强烈的向心力、凝聚力和群体意识，同时还能对学生起到潜移默化的教育作用。

校园文化是一个学校的活力与灵魂，一个学校若缺乏校园文化，那么就如鲜花缺少水分的滋润一样，没有发展的潜力，缺乏生存的活力。

随着基础教育改革的深入，人们已经逐步认识到"办学校就是办文化"。

校园文化以其潜在而又巨大的教育功能越来越被人们重视。一个学校要发展，一定要有一种校园文化的定位。

1. 以办学新理念、新目标、新方向，引领学校文化新发展

学校理念文化是学校文化的核心，是学校的核心价值观，是学校形象定位和传承的基石，它对激励师生为学校办学目标而努力，对展示学校的价值追求起着引领作用。

2010年，蓝田中学通过揭阳市督导室验收，成功挂牌"揭阳市一级学校"；2012年，被广东省教育考试院确定为"国家定点考场"，承担国家级考试任务，蓝田中学迎来事业的新发展。我们抓住机遇，对学校的办学理念、办学目标和办学特色重新定位，以此指导学校的教育教学管理，创建文明、和谐、现代化的教育生态环境。

学校校训：尊师守纪勤奋创新。

办学目标：兴教育才、激发潜能、全面发展。

办学思想：求是育人。

办学思路：实事求是、精准定位、整合资源、创新发展。

办学定位：传承家国情怀，增值超越成长。

办学特色：文体并进、个性发展、品学兼优。

学校学风：勤学乐学、善学博学。

学校教风：学高身正、敬业爱生。

学校校风：文明向上、求实创新。

行政作风：高效勤谨、开拓务实。

语言文字：学校的基本教学语言为普通话，推广使用普通话和规范字。

近几年，随着学校教育事业的蓬勃发展，办学理念和办学目标深入人心，"建和谐、文明、安全的校园""为蓝田事业而奋斗""蓝田的明天更美好"已成为蓝田人执着的追求和奋斗的目标，学校形成了和融共生、和谐共长的新局面。

2. 建设人文环境，传承传统文化，培养学生家国情怀

苏霍姆林斯基说："要让学校的每一面墙壁说话，发挥出人们期待的教育功能。"校园环境在学生的成长过程中，具有较强的熏陶作用。

蓝田先后走出了清朝军事家、政治家、洋务运动主要人物丁日昌；中国生理科学奠基人之一的蔡翘；世界著名经济学家、博士，曾任美国前总统尼克松办公室主任的邢平；以及黄绍金少将、陈元华少将等校友，蓝田不仅熏陶培养出无数知名人士，也吸引了众多名流教师、著名学者、艺术家在此汇聚，如朱熹、郑国翰、方耀、凌鱼、余志贞、谢海燕……逐渐形成了百舸争流、百花齐放的学术氛围。学校校园环境的创设重视人文环境，力求将学校的历史文化、办学理念和愿景，蕴含于整个校园的文化建设中。

走进蓝田中学，首先感受到学校大门的恢宏大气，大门上面镶嵌着全国政协原副主席叶选平的题字"蓝田中学"，庄重典雅；大门内正前方竖着一幅邓小平同志的题字"面向世界，面向未来，面向现代化"，体现了学校的办学愿望；学校校道的右边是一条几十米长的文化长廊，是学校历史、教育教学科研成果的展示，将历史与现代有机结合在一起，体现了学校在传承中不断发展创新。

校道中段左边，矗立着一座巨大的建筑，是学校图书馆，前面是开阔的小广场。广场前左右两边各傲立着一棵巨大的百年英雄花树——木棉树，这两棵苍劲挺拔的英雄花树用自己的坚韧，激励着全校师生要向英雄致敬和学习，不断向前发展前进。

传统文化的熏陶是学校求真育人的重要组成部分。学校在环境布置上可谓独具匠心，体现了学校的办学思想。图书馆正面左右两侧镶嵌着我国古代《易经》中的两句名言："天行健，君子以自强不息；地势坤，君子以厚德载物。"蓝田中学校友众多，遍布海内外，他们热心公益事业，时刻关心着学校的发展。学校校园的绿化，离不开他们的大力支持。他们回母校捐植了木棉树、樟树、玉兰树等大树，有些树的前方竖着一块石碑，刻着"感恩""奉献""博学笃志""切问近思"等具有传统文化内涵的题字，让在校的师生真真切切受到传统文化的熏陶。

3. 营造书香校园，让学生在阅读中提升自我，培养人文情怀

前苏联教育家苏霍姆林斯基说："一个学校可以什么都没有，但是只要

有了为学生和教师精神成长的书籍，那就是学校。只要有了书，孩子们就有了阳光，有了成长的空间。"读书，是学生精神发育的动力，是学生智慧进发的源泉，拥有良好的读书习惯能够让孩子终身受益。

学校储备十几万册图书，建造1个图书阅览室和3间电子阅览室，为学生打造了良好的阅读环境和阅读氛围，凸显教育的"硬实力"。学校在图书馆开设书画展示区，让学生在传统学习环境中体验成长的快乐。

（1）规定晨诵是每日必修课

学生进校的第一件事，在教师带领下，诵读经典诗文。诵读篇目由学校语文教研组针对不同年级学生的需求特点精心挑选，每周必须熟读背诵古代诗词经典名篇。经年累积，诵读不辍。

（2）组织活动引导学生读书

为了让阅读成为师生的生存状态，我们每天开放中午和下午放学两个时段，让师生在阅览室里自由阅读书籍。班级图书角也随时向学生开放。班级积极开展读书会活动，师生同读一本书，共话书中事。师生交流给了阅读意义，也增加了阅读的质感。学生只有在真实的环境中开展真实的阅读活动，才能引发真实的内心体验。在浓郁的阅读活动中，让学生学会悦纳生活、悦纳自我。

阅读的过程，就是掌握知识的过程，也是一个人精神提升的过程。通过建设书香校园，有利于提升社会主义核心价值观的文化底蕴，有利于提升学生的文化修养和道德修为。学校努力营造宽松与高洁、明丽而清新的校园文化氛围，让每一个墙面都会说话，既有名人名言，也有含义隽永的诗文，通过环境的布置，创造校园的整体读书氛围。在教师办公室和教室配备书架、图书柜，学校和图书馆也按高标准配备，还利用网络和多媒体开展数字阅读。书香校园的关键不在书，而在香，即营造一种求知的氛围，让师生有自觉读书的欲望，使教师在充满人情味的校园文化中，怀着快乐的心情为学校工作，努力实现人生价值；学生能够拓展发展空间，胸怀远大理想，让师生用智慧启迪智慧，用人格塑造人格，从而使校园成为大家不断学习、交流和提高的场所，使师生在充满人文气息的环境中成长。

（二）以学生为本，激发学生潜能，让学生在学习中快乐成长

学生成长是学校成功的标志。学校一切工作的出发点和立足点都应该是为了促进人的自我发展，以学生发展为本，满足学生发展需要。高中阶段是学生思维与人格发展的基本定型期，志向逐渐形成，兴趣逐步聚焦，优势潜能逐步显现。高中教育需要抓住学生发展的这一阶段性特征，大力推进课程的选择性、现代性和学生学习的自主性、探究性，促进高中生的志、趣、能匹配。追寻育人的更高境界，让学生拥有美好的人生，是教育永远的追求，也是教育的根本所在。

从教育工作者的角度来说，一个人的教育理念、教育思想、教育情怀将决定你的育人价值取向，也将直接影响受到你教育的人，不管是学生还是同行。激发学生的潜能是所有教育努力的根本指向，如何将学生的求知欲、表现欲、成功欲、兴趣欲、生命欲、创造欲等正能量激发出来，并形成自主的个人良好习惯，这是每个教育工作者应该追求的、所想要实现的育人成果。

1. 目标定位，激发学生的求知欲

对教育工作者来说，育什么人是我们应时刻考虑的问题。我认为，我们的教育应该让孩子学会动手、学会动脑和拥有一颗博爱的心。

（1）学会动手

美国教育非常重视实用性。美国中小学校开设的许多选修课程，都是现时生活或今后工作中用得着的知识和技能，和中国想方设法禁止学生在校园使用包括手机在内的科技产品不同，美国学校甚至向学生提供各式高科技用品，并且鼓励他们使用。比如佛罗里达州大西洋大学附中所有高中生每人配备一台平板电脑，高中课程所有内容都在电脑里面，上课都使用平板电脑，教师会鼓励学生去解决问题，帮助学生系统地思考问题。我国古代教育家孔子说过"学而时习之，不亦乐乎"，"学"是"学习"，偏重于理论，而"习"是"操作"，偏重于实践。在学习的过程中，把学到的东西运用到实践之中，在实践中检验，只有动脑和动手结合起来，那才是快乐的事情。

（2）学会动脑

中国教育在引导孩子动脑方面，强调知识的传输、个人的思考，而美国

教育则重视对学生批判性思维的训练和鼓励自由表达的熏陶。对于数理化的课堂教学重在利用实验室进行理论加实践，边学习边实验；对于文科类的课堂教学更多地是鼓励学生之间的相互交流，特别是比较深层次的交流而不是纯赞美性的交流，形成一个鼓励性且互相挑战的氛围。不管任何学科，美式课堂都是非常注重对于知识的运用和再思考。学生被鼓励多问为什么，多刨根问底，不轻信已有的答案、解释。在思想的碰撞和交锋中，孩子们已经学会了动脑。

（3）拥有一颗博爱的心

世界教育发展史告诉我们，一个拥有博爱之心的人，才是一个健康的人，一个快乐的人，一个懂得创造和珍惜幸福的人，一个能够为社会的文明进步添砖加瓦的人。我们教育最大的一个失误，就是过多地关注孩子的智力，而忽视了孩子的情感。美国教师则非常重视培养学生的非智力素质。比如，他们关注学生的人格发展，注重培养学生的社会责任感、领导力和彼此的尊重、理解、合作的能力。国内的教育则对学生的智力发展倾注过多的关注，对学生的非智力素质的关注明显不够。

只有让学生在学会动手的过程中学会动脑，在动手动脑的劳动过程中体现生活，并拥有一颗爱心去热爱生活，热爱身边周围的一切，确定每个学生自己的人生观、价值观和世界观，并在自己的人生轨迹中保持旺盛的求知欲来完成自己的人生目标。

2. 合作分享，激发学生的表现欲

没有包容，就谈不上团队建设，也谈不上合作精神的培养。中国的"80后"、"90后"和"00后"，大多是独生子女，几代人"万千宠爱在一身"，这些孩子常常以自我为中心，同学间合作、宽容和分享的精神十分缺乏。因为有了包容和分享，才能求同存异，才能发挥契约精神，真诚地共同合作，互利共赢，所以学校教育要培养学生的合作分享的精神。让学生在合作中探求自己独立的思想，在合作中虚心倾听、分析别人的想法，学会和别人进行交流、合作以及分享，这方面是很值得我们学习的。

引导学生合作，既要注重学生在课内的协作学习，还强调学生在课外发挥团队的作用，进行视域更广的合作学习。例如，在课堂上教师常常把

一班学生分成若干组，在充分讨论的基础上，在规定的时间里共同协作完成老师指定的任务。在课外，教师布置的许多作业也是要由几个人分工合作才能完成的。不管是课内还是课外，教师都鼓励和引导学生在独立思考的基础上，尊重其他同学的意见，并尝试吸收其他同学的好主意，学会对合作伙伴的努力和付出给予鼓励和赞赏。通过师生互动、生生互动，充分调动教学中的动态因素，从而极大地激发了师生的潜能，最大程度地满足不同学生的需求。

3. 激励鼓励，激发学生的成功欲

每个人都很渴望成功，学生更是如此。激励鼓励，准确输入正能量，是一种行之有效的措施。

每个孩子都拥有平等的交流和竞争平台，他们非常希望能表达自己的思想和心得。只要家长和教师的善于积极鼓励引导，学生就会有表现的欲望。现代教育强调，课堂开放民主，允许学生犯错，鼓励怀疑、批判和挑战，让学生有话想说，有话敢说。学生可随时打断老师的讲话，提出自己的疑问，表达自己的观点，师生常常由此引发激烈的讨论乃至争论，在思想碰撞中感受成功的喜悦。

每一个人在心理上都有获得肯定与赞赏的需要，如果一个孩子感到自己是被别人赏识的，自己对别人来说是重要的、有意义的，那么他就会自然而然地产生愉悦的、自我肯定的感觉。孩子心智发育尚不成熟，常常根据别人对自己的评价，尤其是父母和老师的评价来给自己定位。如果他经常被表扬，他的心里就充满了自豪和自信，觉得自己很优秀很特别。相反，如果孩子平时听到的都是训斥、挑剔、责备甚至挖苦，一个小小的过错就被家长抓住不放没完没了地进行批评，他就会觉得自己很失败，什么都做不好，他就会否定自己的能力，产生自卑心理，进而失去对学习和生活的热情。因此，正确的鼓励，适时的激励，让孩子充满正能量，他的成功欲望也高涨，迈向成功的起点也更高。

4. 提供平台，激发学生的创造欲

学校是师生学习的地方，更是师生成长的平台。因此，学校要提供有助于发展受教育者个性和创造性的教育方法，注重通过给学生提供平台促进学

生个性化的培养。学校要结合自己学校的特色，开设各种各样的第二课堂活动，可分为学术性、娱乐性、体育活动和社区活动等，让孩子在第二课堂的学习中找到自己感兴趣的平台和自身的发展点，发挥自己的特长，创造自己辉煌的人生。

（三）以素养为核心，建设课程新体系，促进学生全面自主发展

课程是落实学校办学思想，践行育人目标的核心载体，是学校教育教学活动的基本依据，在人才培养中发挥着核心作用。而课程的开设，应该是更多地关注学生心灵和幸福的课程，应该是更多地体现个性化和多样性的课程。2016 年 9 月，《中国学生发展核心素养》正式颁布，这项研究成果从六大要素、十八个点对学生发展核心素养的内涵、表现、落实途径等做了详细阐释，对新时代如何培养"全面发展的人"具有战略性意义，也对新课标修订、课程建设起到重要的指导作用。

我认为，学校在改革实践中，要坚持"以学生为本，一切为了学生的和谐发展和可持续发展"的课程理念，贴紧时代脉搏，紧跟课改步伐，以新时代学生全面发展为核心，努力构建符合学校实际的课程体系，逐步构建起了适合学生发展的课程体系，让教师学生在教学学习中快乐成长。

1. 认真落实国家的课程体系

国家课程体系是专家通过反复研究之后确定的科学严谨、符合学生认知规律和发展规律的学科设置，对学生的知识积累、思想的形成，乃至全面发展具有权威指导作用。因此，严格按照国家的课程体系，开全课程，开足课时，确保学生能在规定的时间内完成课程学习任务，是学校构建课程体系的重要前提。

2. 构建学校课程体系，开发校本课程，实现多层面的育人功能

随着知识经济与信息社会的到来，学科课程的学习已经不再是人们获得各种知识、技能和能力的唯一渠道，也不再是人们谋求生存和工作所必需。教育更为关注学生的生活质量与生命品质，如何体会学科课程之于个体成长的内在价值，如何在学科课程中领略学习的乐趣乃是学科课程之于学生幸福的价值诉求。

为了有效实现育人目标，我校建立了丰富多样的课程体系，实现学生的

多元诉求，满足学生的多元愿望，实现学生的个性化发展。

（1）德育课程

主要承担道德教化功能，我校的德育课程主要包括师德建设和学生道德教育。师德建设主要包括政治学习、教师职业道德教育、班主任队伍建设。我们定期为教师举办学习讲座：一周一次全体教师政治学习，一周一次班主任会议，请专家为班主任培训。学生的道德教育主要有：每周一个主题班会，心理健康讲座，法制讲座，交通安全知识讲座，防溺水知识讲座等。

近年来，我校逐渐形成了"5+X德育课程"，"5"指五大课程群，即传统节日课程、校园节日课程、文化行走课程、主题教育课程、时事素养课程；"X"指每一个课程群之下的若干活动。如，志愿服务活动。中学生核心素养的核心是"品德"，我们要培养的就是"知行合一，人格健全"，懂得感恩、乐于助人、勇于担当、无私奉献的现代中学生。学校成立了志愿服务队，定期开展活动。爱心活动的传递，给予了蓝田学子更多爱的实践，以大爱的情怀走进社会、关心社会、呵护社会。

（2）社团课程

着眼于培养学生的人文素养、科学思维和身心健康。我校社团课程，实行学生自主管理，形成了"四有三定一反馈"（即有组织、有章程、有管理、有考勤，定时间、定内容、定形式，及时反馈活动记录）的发展模式。我们在严格按照教学课程计划开齐开足课程的同时，开设数、理、化、外、生等兴趣小组共13个，开设文学兴趣班两个，举办英语沙龙，还出版《蓝璞——放飞青春》、开办"广播站"，开展征文比赛、元旦文艺汇演、球赛、拔河比赛等内容丰富、形式多样的第二课堂活动，既丰富了校园文化生活，又培养学生的创新能力，发展了学生的特长。

此外，还有学生会、团委会、志愿者服务队等。通过志愿服务、公益活动、社区服务等活动培养学生的社会责任。

（3）蓝璞课程

蓝璞课程是我们学校师生开发的校本课程，主要有：

①《蓝璞——教师发展》，是教师专刊，是教师教科研成果的展示，到目前为止，已出版15期。

②《放飞青春》，是学生专刊，是学生心灵轨迹的记录。

③《蓝田中学大事记》，主要记录学校一年来发生的重要事件。此外，学校还开发了《多媒体使用手册》《高考研究》等课程，对指导教师使用多媒体教学和高考复习备考起到很好的指导作用。

（4）特色班课程

近几年，我们进一步拓宽高考渠道，为学生创造更多就读重点院校的机会，学校开设有体育、美术、音乐传媒等特色班，让更多有兴趣、有特长的学生能够根据自己的爱好参加学习培训。

①体育特色班：学校大力发展足球运动，组建蓝田中学生足球队，聘请专家为学生上足球指导课。2016 年 10 月，揭阳市第二届学生足球赛在蓝田中学举行，学校足球队勇夺揭阳市第二届学生足球赛冠军，并代表我市参加广东省 2016 年"省长杯"足球赛总决赛。2017 年 8 月，揭阳市第七届运动会暨第四届学生运动会高中组足球赛总决赛在我校举行，学校足球队再次卫冕冠军。

②艺术特色班：我们采取校内与校外相结合方式，学校分别与深圳授渔艺术集团和汕头文化传媒艺术中心合作，老师常年驻校，为学生上课。3 年来，参加美术、音乐传媒等术科学习培训的学生，均在高考中取得了优异成绩，本科上线率都达到 95% 以上。

（5）实行分层教学模式

蓝田中学作为一所农村普通高中，招生起点较低。揭阳市中考总分是 864 分，区重点中学的录取线是 660 分以上，而蓝田中学的录取线是 280 分，从 280 到 660 分以下是蓝田中学的招生范围，中间差距 400 分左右，学生素质差距过大，明显不利于课堂教学。基于此，学生在高一年级采取分层教学模式，学校把学生分为上、中、下三个层次进行编班，这样，同样层次、同等素质的学生集中在一起，既有利于教师的课堂教学，也有利于学生的消化与吸收。学生进入高二、高三之后，根据选科方向，分为文科班和理科班，不再实行分层教学模式，均编为平行班，实行平行班教学。

学校通过构建开放、多元的校本课程体系，丰富课程的形态和内容，扩大学生的自主选择权，满足不同志向、不同潜质学生需求，促进学生个性化的发展。

（四）以教师为本，搭建发展新平台，助力教师专业成长

《国家中长期教育改革和发展规划纲要（2010—2020年）》第十七章对于"提高教师业务水平"明确要求："完善培养培训体系，做好培养培训规划，优化队伍结构，提高教师专业水平和教学能力。通过研修培训、学术交流、项目资助等方式……造就一批教学名师和学科领军人才。"构建教师专业发展平台，提高教师专业水平，既是教师自身发展需要，也是学校事业发展需要，更是当代教育发展需要。正是基于此，学校积极搭建平台，促进教师专业化发展，取得了预想的效果。

1. 加强青年教师的校本培训，促进教师专业发展

加强教师的职业道德教育和教师业务培训，组织教师认真学习"十二五"《国家中长期教育改革和发展规划纲要》和《广东省中长期教育改革和发展规划纲要》，深入贯彻落实践行科学发展观。学校认真组织全体教师学习现代教育理论和业务知识，更新教育观念，捕捉教改新动向。为教师购买教育著作，组织全体教师学习。同时充分发挥骨干教师传、帮、带的作用，帮助青年教师练好教学基本功。

2. 加强业务学习，夯实教师教学基本功，促进教师专业发展

我们规定以备课组为单位的集体备课，以达到"资源共享、共同提高"的效果。要求教师开展"五课"的活动，即汇报课、公开课、示范课、研究课和竞赛课，为不同层次的教师搭建展现自己的科研舞台，并根据县名校长和名教师的要求，确立本校的名教师、骨干教师培养对象共50多人，促使一批教师向名教师的目标发展。

3. 加强教学反思和总结，提高业务能力，促进教师专业发展

教学反思教学实践是提高教师素质的最有效的途径，反思是教师专业最核心的能力，教学反思教学实践的过程是教师由经验型走向学者型的必须经历的过程。为不断提高青年教师教学的业务能力，我们规定每位教师每学期都要上交教学经验总结和教学反思各一篇。

4. 坚持"走出去"，开拓教师视野，促进教师专业发展

我们积极鼓励和支持教职工参加学科函授、自学考试、继续教育、新课

标培训等多种形式的培训学习。组织全校教师参加市、县组织的专业技术培训和考试。派教师参加省、市、县各级教育部门组织的新课标培训，参加各种高考备考会和学术研究会，组织学校骨干教师到各地参观学习。

5. 坚持"请进来"，提升教师理论水平，促进教师专业发展

我们采取"请进来，走出去"的方式，通过学术报告、学术讲座等形式，学习专家的教学新理念和新思想，了解研究信息，提升教师的理论水平，促进教师的专业发展。学校多次请市、县教研室的专家到学校教学调研，开讲座、指导听课、指导备考、提供宝贵经验和资料。

6. 创设展示教师专业成果平台，促进教师专业发展

我们组织编印《蓝璞——教师发展》专刊，征集并发表教师的论文、优秀教案等，为教师发挥自己的才华提供平台。至 2018 年 3 月，《蓝璞——教师发展》专刊已编辑 14 期，收集教师论文、优秀教学课例等 200 多篇，已成为学校教研教学的丰富资源库。

7. 创新教研新机制，开展课题或专题研究，促进教师专业发展

我们积极引导教师开展课题或专题研究，以课题研究或专题研究推动教师专业发展。学校提倡每个教研组每学期应有一个校本课题，每位教师都应积极参与课题研究。同时要求各教研组积极申报县级以上课题，以课题研究推进校本教研。2010 年我参加李广平名校长工作室学习并去美国和加拿大进行基础教育考察，这次学习和考察使我受到很大启发，由此确立了《农村中学青年教师专业化发展的生态化研究》课题。这次课题的立项和研究在我区具有先行先试的意义。这个课题的最终成果就是为蓝田中学打造了一支思想觉悟高，安教乐教善教的教师队伍，营造了敬业、乐业的良好教学风气，为学校的长期可持续发展奠定了坚实基础。2015 年我参加广东省中小学新一轮"百千万人才培养工程"学习，通过深思熟虑，提出了"教育的最终目的是激活人的最大潜能"的系统教育思想，并决定以课题研究为抓手，有针对性地解决发展中存在的部分问题。

自课题实践以来，学校共承担国家级课题 1 个，省级课题 3 个，市（区）级课题 11 个，区级课题 5 个。

8.大力推动微课开发和应用研究，争创区域微课研究高地

微课是指以视频为主要载体记录教师围绕某个知识点或教学环节开展的简短、完整的教学活动。主要包括微课视频、微教案（教学设计）、微课件、微习题（试卷）等。我们把微课定位为一种教学资源，作为课堂教学的有效补充。为促进教育教学资源多元化、优质化发展，提升资源使用效益，推动信息技术与教育教学的全面深度融合。我校致力打造学校微课团队，成立蓝田中学微课制作小组，着力打造微课资源库。近几年，我们通过"引进来"和"走出去"不断推动教师专业化发展。2015年11月，学校选派40位骨干教师参加由韩山师范学院专家指导的微课培训。同年11月聘请韩山师范学院林曼斌副教授、黄俊生副教授、赖鹤銮主任到学校举行微课课程制作校本培训。

同时，积极开展课题研究，引领微课活动有效开展，申报省级小课题《运用微课提高高中学生哲学学习实效性的探索》和区级课题《学校教学中微课应用的行动研究》。力争通过微课特色建设，使教师打破了固有的思维模式，积极探索构建师生教与学的新方法、新模式，并把微课运用于高考备考中，把一些重点题型、重难点知识制作成微课，通过教室多媒体、QQ群、微信群等途径向学生传播，巩固学生对知识重难点的掌握，提高教学效果。

至目前，学校微课团队共有40多人次获市级以上（其中国家级9人次），所取得的成绩在揭阳市处于遥遥领先的地位，为揭阳市农村普通高中探索基于互联网的现代化教学手段起到示范引领作用。微课制作已取得显著成绩。

2016年6月20日《揭阳日报·教育周刊》刊发报道我校专访文章《着力打造微课特色学校》，高度评价了蓝田中学在微课特色学校建设中取得的成绩。

（五）强化凝聚力，激发教师潜能，提升教师专业成长

优秀的师资队伍在学校的发展中起着决定性作用，是实现教育理想、教育目标的重要保障。"亲其师而信其道"，这是我国教育的一句古训，出自《学

记》，原文中载："夫然，故安其学而亲其师，乐其友而信其道，是以虽离师辅而不反也。"是说"唯其这样，才能安心学习，亲近师长，乐于与同学交朋友，并深信所学之道，尽管离开师长辅导，也不会违背所学的道理"。重视教师专业化发展是对教师最大的关怀。大雁南飞告诉我们，只有在一个"人"字形的团队中，才能飞得更高更远。学校需要这样的一支"雁阵"团队，互相激励，和谐共进，直至实现"合而共生"。

基于此，我校不断加强师德教育，引导教师成为一个有道德的人，能真正打动学生内心，影响学生一生的人；发自内心的热爱学生、关心学生、尊重学生，保持师生间人格的平等。这种"以学生为本"的人文理念，不仅关注学生的主体作用，体现对学生的关爱，更重要的是提升教师整体素质，构建师生和谐相处的学校文化。在蓝田中学这片教书育人的沃土上，老师们用自己的真诚去换取学生的真诚，以自己的正直去塑造学生们的正直，以自己的人性美好去描绘学生们的人性美好，以自己的高尚品德去培养学生们的高尚品德。

1. 凝聚向心力，树立"校兴我荣"的理念

教师的发展，是学校事业发展的基础；学校事业的发展，促进了教师的发展，两者相辅相成，相互促进。可以说，学校与教师形成了一个密不可分的"命运共同体"。教师只有把学校的事业当作自己的事业，才能实现学校和教师的共同发展，这就要求教师必须有"校兴我荣"的理念。

蓝田中学有着优秀的传统。一代又一代的蓝田人，他们为了蓝田的事业发展奋勇拼搏、锐意进取、开拓创新，为蓝田积累了丰富的文化，形成了艰苦奋斗的精神，这种精神形成了蓝田人生生不息的向心力。尽管有个别老师向往城市学校，但绝大多数蓝田教师，他们坚守自己，坚守在自己的岗位上，刻苦钻研，积极进取，与蓝田共命运，为蓝田中学事业的发展奉献自己的毕生精力。

2. 帮助教师树立正确的学习发展观

教学相长，是一个亘古不变的主题。教师只有在教学过程中，不断学习，加强理论修养，更新理念，才能够不断提升自己，才能适应教育的发展与变化。因此，教师应该树立"终身学习"的发展观。基于此，蓝田中学开

展了各种各样的教科研活动，使教师能与时俱进，提升了自己的理论水平和专业能力。

（1）开展职务培训

我们深刻认识到师德是校风的主导，因此大力加强教师的职业道德教育和教师业务培训，组织教师认真学习"三个代表"重要思想，深入贯彻落实科学发展观，学习《中小学教师职业道德规范》《中华人民共和国教师法》《中华人民共和国教育法》，学校以"爱生"为核心，以《中小学教师职业道德规范》为依据，以"先进教师"为榜样，积极开展"立高尚师德，树教育新风"的职业道德活动，促进教师安教乐教善教，关心爱护全体学生，尊重学生人格，努力建设一支爱岗敬业、严谨治学、热爱学生、教书育人的教师队伍。

（2）开展业务培训

在教师业务培训方面，我们认真组织全体教师学习现代教育理论和业务知识，更新教育观念，捕捉教改新动向。学校每年都为教师购买书籍，要求教师每年读一本教育理论著作。学校制定实施了每周一下午的教研学习制度，坚持集体备课的制度，充分发挥群体的智慧，鼓励和支持教职工参加学科函授、自学考试、继续教育、新课程培训等多种形式的培训，受训人数达200多人次，取得相关学历和证书的有100多人。学校有青年教师100多人，他们能否迅速成长，直接关系学校教育的质量。近几年来，学校把培养青年教师作为工作重点常抓不懈，有计划、有步骤地培养青年教师。在培养过程中充分发挥骨干教师传、帮、带的作用，帮助青年教师练好教学基本功，通过培养和学习，有计划地把一批青年教师推上高三级任教或担任班主任，使每一位教师都能够实现教学大循环。

（3）举行公开课、示范课

学校要求各教研组要组织好每周一次的教学研究活动，组织教师学习有关新课程改革教育理论，明确本学科的教学教研目的和任务，讨论并确定各年级教学要求，制订教研组计划，积极开展教学研究活动，组织好教学公开课、定人示范课、定题研究课、优质课例等，推广教学经验。学校要求每个教师每学期要举行一次公开课，骨干教师要自觉举行一个示范课，起到示范引领作用。

（4）落实备课组教研工作制度

我们要求各备课组必须组织教师学习新课程理念、学科教材和教法，贯彻执行教研组计划，制订本年级学科教学进度计划、教研专题（课题）。要求各备课组教师集体备课，每周至少集体备课一次。备课做到"六备"，即备教材、备教法、备学生、备学法、备实验、备作业；"六统一"，即统一教学目标、统一重点、统一教学进度、统一教学资料、统一作业、统一测评；"三公开"，即公开教学过程、公开教学资源、公开教学经验。

我们要求全体教师必须主动、认真地进行教研活动，认真完成备课组交给自己的备课任务，积极参加听课、说课、评课活动，撰写教学反思，完成学校要求的听课节数。在教学实践的同时，要坚持做到"五个一"，即每年读一本教育教学论著、确定一个研究课题、上好一堂教学公开课、设计一份教学案例、写好一篇教学反思论文。

（5）开展教学能力比赛

开展教学能力比赛，能有效激发教师的潜能，促进教师的专业发展。学校每一年都开展了不同形式的教学比赛，有教学能力大比武，有优质课比赛，有教学模式比赛，同课异构，微课比赛等。学校鼓励教师积极参加区、市、省、国家等各级举行的教学能力比赛，让教师在参与中提升自己，享受成功的喜悦。

3. 创新教学检查新模式，创造现代教学教研新高度。

教学检查，传统的做法是，通知老师提前把教学资料统一放在指定的地方，然后由学校组织人力对教师的教案进行检查，检查的资料包括：教案、试题习题、练习、作文，还有听课簿和记分册。这种检查是静态的，只能从纸质材料了解教师的教学态度和教学情况。

在多媒体时代，由于网络非常发达，教师可以随便上网查找自己想要的资料，包括教案，这样就产生了一个弊端：一些老师依托网上找来的教案，可以不加思考，随时随地地拿来用，甚至不用再经过自己的修改，直接用在

自己的课堂。还有一些老师为了应付学校的检查，平时不写教案，或写一个极为简单的思路，在课堂就这样混过去，等到学校要检查，就急急忙忙在网上搜索，打印一些出来应付。这样也就造成教学与教案两张皮的现象。

网络资源是一把双刃剑，它既给人带来方便，也会使人变得懒惰。本来，教师上网搜查、参考一些名师教案、课件无可厚非，但问题是很多老师缺乏一种思考的习惯，对网上找来的资料没有进行改编，转化为符合自己学生实际的东西，所以，在检查教案过程中，总发现他们的教案在课堂上根本无法操作。这也应该是当前很多学校遇到的问题。

为适应教育现代化迅猛发展新形势，解决现代化设备条件下教学方式与传统教学检查方式的突出矛盾，解决一线教师在教学现代化设备条件下的教学方式中所应用的教案与现代教学资源的混淆理解和使用中存在的问题，我们制定了教学检查新方式："探究—激发"式检查，旨在使被检查人员与检查人员之间面对面交流互动，各抒己见，形成共识，破解难题，和谐相处，通过公开公平公正的检查新方式使教师潜能得到最大限度的发挥，推动学校教学教研教改经验交流和资源共享，营造互助共生的教学教研新生态，开拓新时代学校教育立德树人新境界，创造新时代现代教学教研新高度。

（1）互动式检查

互动式检查以说课—交流—研讨三个步骤进行。首先，由教师说课，说教材、说教法、说学法、说教学程序和说板书设计等。其次，检查人员和被检查教师围绕如何激发学生潜能、提高课堂教学有效性和提高教学质量这些课题进行交流，对被检查教师备课、教法、学法、课堂教学程序设计实施做基本评价。最后，检查人员、被检查教师、同备课组老师交流探讨，对教学中的一些存在问题和疑难问题的提出解决办法，对今后努力的方向提出意见，形成新的共识。

互动式检查过程中，要求科任教师、备课组长和检查人员认真做好相关工作。第一，教师带笔记本电脑参加检查活动，汇报并接受检查员的提问。各科任老师要认真做好发言介绍的准备，把教学和备课过程中最好的方法、最新鲜的经验介绍出来，并积极参与对其他老师的评价讨论。第二，备课组成员参加评议讨论交流。各位备课组长要认真做好记录，把本次活动中好的经验、方法记录下来，要标明谁的经验方法，谁总结出来的，对于存在问题要记录，并把讨论的解决办法记录好。第三，检查人员要认真组织汇报、交流、研讨活动，在检查过程中做好记录，在检查结束后做好调研总结，并把检查结果和备课组长记录复印件一份送教务处。

（2）听课式检查

这是公认的能更好地直接了解教师课堂教学准备充分与否，教学能力、课堂组织应变能力高低和课堂教学效果好坏的检查方式。

（3）面试式检查

设计学科专业问题、教育教学技巧问题对受检查教师谈话提问，从"面试"了解教师学科专业水准、教育理论素养、以至备课组教师集体教研学习交流的层次情况。这一项是对教师能力水平的直接检查或称为考核。此项检查可以直接考核教师教学能力和科研水平，有利于推动教师加强学习，提升业务能力，较高水准的"面试"式检查录相资料还可以成为校本教研的珍贵资料，可以极大地推动教师专业发展和校本教研的开展。

学校每年聘任骨干教师，组建当学年度教学检查评委库，由行政人员和当年度备课组长组成，并特邀部分优秀教师或外请专家参加。

三、成绩

2007年，历经百年沧桑蓝田中学第四次易地新建。历史悠久的蓝田书庄华丽转身，成为现代化的新蓝田中学。新校区按照广东省一级学校的标准规划，教学区、科研办公区、生活区、运动区"四区"分明，教学楼、图书馆、宿舍楼、食堂、400米塑胶跑道标准运动场，优越的环境、齐全的配套、完善的设施，擦亮了农村现代化教育品牌！

1. 在"教育最终目的是激发人的最大潜能"办学理念的激发下，学校班子顺势而为，提出"准确定位，创建高质量、有特色、现代化的广东省一级学校"的办学目标，突出"家国情怀、增殖增值、创新发展"的办学定位，

彰显"兴教育才，全面发展"的办学理念，依法办学、规范办学、科学办学，教育教学成果得到巩固和提升。

学校以课题研究为抓手，配设"英雄花奖"，鼓励团队合作，狠抓校本教研，促使一批教学新秀脱颖而出。目前，学校承担国家级课题1个，省级课题3个，市（区）级课题11个，领跑一方。学校先后邀请了杜德栎、熊焰、吴华钿、李静、郑培亮、孙悦亮、姚跃涌等专家、教授来校开讲，传递前沿先进教育教学理念。2015年，蓝田中学被韩山师范学院确定为揭阳市首个教师专业发展学校，是区域性农村普通中学典范，在揭阳市乃至整个粤东地区都具有较大影响力。

2．至2017年，蓝田中学高考成绩连续16年夺得全区同类面上中学第一名，学校特色班开设已具规模，并取得优异成绩，2016年高考，学校20位美术考生参加术科考试，其中19人上本科线。2017年有17位考生参加考试，其中16人上本科线。上线率均达95%以上。近3年来，音乐考生参加音乐传媒术科考试，上线率均达100%。音乐室、舞蹈室里，广播站中，运动场上……蓝田学子正在这里快乐学习、茁壮成长！

3．学校先后获得"广东省厂务公开民主管理工作示范单位""广东省安全文明校园"等多项省级荣誉，并被定为"全国首批青少年校园足球特色学校试点单位"。2015年12月，揭阳市首届学生足球赛在揭东区蓝田中学举行，学校足球队勇夺高中组亚军；2016年10月14日至27日，揭阳市第二届学生足球赛再次在揭东区蓝田中学举行，蓝田中学勇夺揭阳市第二届学生足球赛冠军，并代表揭阳市参加"省长杯"总决赛。2017年8月，揭阳市第七届运动会暨第四届学生运动会高中组足球赛在蓝田中学举行，学校足球队再次卫冕冠军。2017年12月，再次代表揭阳市参加"省长杯"足球赛。

4．全校共有100多人次先后获"广东省优秀班主任""广东省先进教师"等省、市级荣誉称号。校长李永亮被评为特级教师"广东省师德先进个人"，入选广东省新一轮"百千万人才培养工程"中学名校长培养对象。钟鸿书、黄敏华、黄楚明入选省骨干教师行列。黄晶纯、刘育群、潘晓苑老师在"第三届全国微课优质资源展示会"中载誉归来；徐杰、杨伟南等9位同学获"广东省三好学生"称号；黄诗仰、黄淑珊等8位同学获"宋庆龄奖学金"；杨创龙、陈越、杨鸿光等同学获得省级大奖，并接受电视台采访……

千年名校，传承千秋万代之儒家思想；万名学子，弘扬万紫千红之中华文化。求是教育之路没有终点。蓝田中学将继续传承千年书院的优良传统，作为蓝田人，我将更加务实求真地探索新时代学校的发展之路，以高度的敬业精神，以实干的创业精神，带领全体蓝田人，加强校园文化建设，提升学校文化内涵，努力书写千年书院的新篇章！

梦想在前方，我正在路上。我将用热情去点燃教师的生命梦想，用宽容去照亮学生的幼小心灵，用执着去追寻自己的教育梦想，让自己的生命变得诗意而丰盈。我坚信，只要守住宁静的心田，坚守心中的梦想，始终保持向上向善向真向美的志趣，就一定能听到花开的声音，成为一名有教育情怀的好校长。

再谈教育发展

　　"教育"这个词对于我们来说并不陌生。人为什么要受教育？教育的目的是什么？到底什么才是真正的教育？这些设问是教师从学生的角度思考的问题。怎么培养人？培养什么人？为谁培养人？是教师从教师角度对教育的思考。

　　"如何推进教育发展"这个问题，已经被问了很多遍，也思考了很多遍，每次总结都有新的感悟，粤东地区为广东欠发达地区，教育的发展有自己的特色和亮点。文化积淀丰厚、地方文化特色突出、学生吃苦勤奋、教师容易满足而且敬业等，这些都是我们教育的优势；我们的短板也很明显，由于经济欠发展，教育的发展受到了很大的压制。但是无论怎样，教育发展肯定不能被动等待，更不能停滞，因此我们再一次谈谈自己对新形势下如何推进教育发展的思考的肤浅看法。

一、坚持对教师队伍的政治理论学习，确保新时代中国特色社会主义的办学方向

　　2017年8月17日，教育部印发《中小学德育工作指南》；2017年9月，中共中央办公厅、国务院印发《关于深化教育体制机制改革的意见》；2017年12月4日，教育部印发《义务教育学校管理标准》；2018年1月16日，教育部召开新闻发布会，介绍《普通高中课程方案和语文等学科课程标准（2017版）》有关情况；2018年1月23日召开全国教育工作会议；2018年1月20日，中共中央、国务院印发《关于全面深化新时代教师队伍建设改革的意见》等。这些最新的政策法规要及时解读，并贯彻到教师队伍中，重点

强调党对教师的领导，加强学校的党支部的活动等，确保新时代中国特色社会主义的办学方向。

二、加强师德师风建设，构建有强烈责任心、使命感的教师队伍

习近平总书记指出："一个人遇到好老师是人生的幸运，一个学校拥有好老师是学校的光荣，一个民族源源不断地涌现出一批又一批好老师则是民族的希望。"

习近平总书记指出："国家繁荣、民族振兴、教育发展，需要我们大力培养造就一支师德高尚、业务精湛、结构合理、充满活力的高素质专业化教师队伍，需要涌现一大批好老师。全国广大教师要做有理想信念、有道德情操、有扎实知识、有仁爱之心的好老师，为发展具有中国特色、世界水平的现代教育，培养社会主义事业建设者和接班人作出更大贡献。"

引导广大教师以德立身、以德立学、以德施教、以德育德，坚持教书与育人相统一、言教与身教相统一、潜心问道与关注社会相统一、学术自由与学术规范相统一，争做"四有"好老师，全心全意做学生锤炼品格、学习知识、创新思维、奉献祖国的引路人。

三、完善管理体制，规范提升依法治校、规范办学的能力

学校要在一校一章程的基础上，把章程作为学校管理的中心支柱，根据本地区本单位的实际情况，依法依规细化章程的内容，用制度规范管理人，用学校核心文化引领人，用科学文化武装人。同时加大执行的力度，确保风清气正，政令畅通。

四、搭建教师专业发展平台，夯实教师教育教学基本功，激发教师的业务潜能

教育的主阵地在课堂，课堂的主导者是教师，课堂的主人是学生。如何

引导好学生、培养好学生？如何应对学生提出的各种问题？如何培养好学生的行为习惯？如何锻炼好学生的思维习惯？如何解答好传授科学文化知识过程中碰到的问题？如何把德育落实到课堂中？一系列的具体问题，都要求培养好一支既善于教又精于育的教师队伍。各级党委政府、教育主管部门、学校等都要把这一中心任务扎扎实实地抓好，特别是学校这个具体实施的单位，尤其是校长要为教师专业发展搭好台、唱好戏，引领学校又好又快的发展。

☀ 五、完善教师待遇保障机制，提升教师职业幸福感

因经济发展存在差别，我国区域、城乡以及学校之间存在较大的保障水平不均衡问题，如何在本地区、本单位尽可能地提高教师的待遇，包括社会地位等，让教师安教、乐教，提升职业的幸福指数。

以上为本人的点滴肤浅体会，恳请指正。

媒体链接

教育，要激发师生的最大潜能

——访揭东区蓝田中学校长李永亮

人物简介

李永亮，1996 年 8 月毕业于韩山师范学院化学系，中学化学高级教师。2015 年 5 月入选广东省新一轮"百千万人才培养工程"中学名校长培养对象，曾获"广东省师德先进个人"、"揭阳市优秀教育工作者"、揭东"首届名校长"等荣誉称号。

记者： 蓝田中学在全市乃至整个粤东地区同类学校中脱颖而出，成为学子向往、家长满意的求学圣地，学校办学情况还作为全省普通农村中学代表向社会推广，学校的历史和发展现状、办学特色是怎样的？以及在提高教育教学质量方面采取了哪些有效措施？

李永亮： 蓝田中学创建于公元 1149 年，至今已有 800 多年历史，有着崇教重德的优良传统，先后走出了丁日昌、蔡翘、邢平、黄绍金、陈元华、谢晓泽等著名校友。2006 年，蓝田中学易地新建，成为环境优越、配套齐全、设施完善的现代化农村中学。学校的生源素质参差不齐，因而提出"临界生加工厂"的办学定位，经过近 10 年的不懈努力，蓝田中学由小变大、由弱变强，彰显"素质教育、低进高出、高进优出、分层教学"的办学特色。

在提高学校的教育教学质量上，学校重点抓好"高考备考工作的六个有效措施"：抓好高一的招生工作；抓好高一必修课本教学内容的"双基"落

实；抓好高二学业水平测试和提前介入高考第一轮的复习备考；抓好高三第一轮复习；抓好一模考试后到高考冲刺的有效学习；抓好高考后的总结反思，包括教师对教学的反思和学生的成功学习经验等。

记者：蓝田中学地处农村，生源素质参差不齐，但高考成绩连续14年夺得揭东面上中学第一名，近10年来为高校输送1万多名优秀学生。你觉得学校能取得这些优异的成绩，秘诀是什么？

李永亮：教育的最终目的是要激发人的最大潜能，既要激发教师的最大潜能，又要激发学生的最大潜能。一方面，要信任和了解教师，用其长避其短，让他们快乐地工作，才能引导他们树立正确的价值观，提高自身的综合素质。同时，学校近年来通过网络平台开展课件大赛、教学能力大比武等活动，为促进教师健康成长营造公平、公正、平等、民主的氛围，并以《农村中学教师专业发展潜能激发的行动研究》等省级课题的引领带动，为教师发挥潜能搭建优质的平台。另一方面，从教育规律上讲，高中生最大的可塑性是自主学习，只有激发学生自主学习的潜能，引导他们正确进行信息筛选，才能实现学生的个性张扬与个性发展、自我管理和自我约束，让他们在求知过程中收获成功与快乐，并形成良性循环。

教育是教与学的作用与反作用的过程，教师的教与学生的学相互促进、相互影响。培养学生自主学习会促进教师自我提高，反之教师的自身素质又会影响学生的自主学习，实现教学相长、共同发展。

记者：学校依托省级课题《农村中学青年教师专业化发展的生态化研究》设立"英雄花奖"，这有什么重要的意义？目前，学校狠抓校本教研，承担1个国家级课题、3个省级课题、6个市（区）级课题，这对学校的教育教学工作起到什么样的作用？

李永亮："英雄花奖"设有金、银、铜3个奖项，是对教师的综合实力给予评估褒奖，激励教师在激烈的竞争中日益成长、壮大发展，孜孜不倦地促进自我学习、自我发展、自我创新。

教育科研是学校发展的生命线，因此学校狠抓校本教研，引导教师提高教学科研水平，加速教师的专业成长。同时，学校今年还特别设立教科室，由骨干教师带领年轻教师深入研究课题，突破原有教科研成果，力争对揭东区、全市乃至粤东地区的教育有冲击，甚至起示范引领的作用。

记者： 今年5月，你入选广东省新一轮"百千万人才培养工程"中学名校长培养对象，你认为名校长应具备什么特质？作为我市唯一一名入选者，这次机遇为你和学校带来些什么？

李永亮： 名校长应具备五个方面特质：一是有前瞻性，要把眼光放宽、放远，抢抓机遇引领学校科学发展；二是贵在坚持，要遵循教育规律，迎难而上，坚持自己的教育理念、信念；三是要精通业务，只有精通各种教育教学业务，才能更好地对教师进行业务指导，在师生中树立威信；四是要学习前沿的理论，要与时俱进地判断当前的政治形势，关注教育前沿的发展变化及业务改革的动态方向，及时掌握前沿的理论，以便更好地调整个人及学校的工作思路；五是全力办好学校，要从校园安全、学校管理、教育教学质量、教师福利待遇、民主管理制度建设等各方面办好学校，这是重中之重。

成为中学名校长培养对象，无论是对自己还是对学校，都是一次更好的学习与提升的难得机遇。对我来说，这是"充电"的好契机，既让自己思考怎样成长为有个人特色和有较系统办学思想的校长，提高自己的业务水平，也让自己从关注教育前沿的发展变化和改革的动态、方向中，培养自己的前瞻性思维；对学校而言，将为学校带来更先进的管理理念和前沿的教育信息，寻找突破学校发展瓶颈的方法，使学校的影响力名副其实，擦亮农村现代化教育品牌，力求为粤东地区同类学校发展探索出一条育人的新路子。

记者： 在农村教育战线上奋斗了这么多年，你最大的感悟是什么？展望未来，学校将采取什么举措，更好地凸显学校特色，擦亮农村现代化教育品牌？

李永亮： "扎根农村，奋斗着并快乐着"是我在农村教育战线上奋斗这么多年最大的感悟。自2003年，调入蓝田中学以来，我心无旁骛，只想一心一意办好这所学校。看到学校不断发展壮大，我充满信心和动力，虽然在这

个过程中并不容易。

展望未来，学校将在继承学校原有积累经验的基础上，全面反思哪些教育教学管理方法符合学校实际，哪些需要改进，并在教育教学管理实践中不断创新，做到不偏激、不滞后，推动学校优质均衡发展。

（选自《揭阳日报》2015年9月24日第八版教育专栏"校长面对面"）

后 记

自 1996 年从韩山师院毕业以来，我一直在普通农村高中工作。长期的实践使我深深地认识到，当前中国教育的问题重点、难点在农村，短板也在农村。作为一名农村教育工作者，我带着奉献教育的情怀，孜孜以求，无悔前行，希望自己的思考和努力能够为粤东地区农村高中教育出点绵薄之力。

新一轮课改如隆隆的春雷，给神州大地带来了勃勃生机。我深知，理论与实践是推动课程发展的"两条腿"，而课程改革的核心是理论与实践的对话、碰撞和融合。作为一名农村教育工作者，特别是学校的校长，不应该深陷事务性泥潭而不能自拔，既要脚踏实地，也要仰望星空，才能使师生的潜能得到最大程度的激发，才能带领学校走得更远。

我个人高度重视专业发展，积极参与课题研究，积极撰写学术论文，带领教职工走科研兴校之路。经过多年的跋涉，也该进行总结反思了。借此，我把参加工作以来在各级报刊发表或者在重要场合交流的部分论文共 22 篇以及媒体的两篇报道进行结集，内容涉及学习考察、理念探索、办学体会、德育思考、教学心得等。这些文章主要体现了我对个人教育理念（教育最终目的是激发人的最大潜能）的艰难探索，同时，也有助于同行了解蓝田中学是如何在近 10 年间实现"由小到大、由弱变强"的。我希望，这些研究心得能够起到抛砖引玉的作用，对广大教育工作者，特别是对粤东地区农村普通高中的同行可以具有一定的借鉴意义。由于作者能力、眼光的局限，虽尽己所能，但必定仍存在遗漏、不足甚至错误的地方。为此，我诚恳希望社会各界人士不吝赐教！

在新时代到来之际，机遇和挑战是并存的，迎接挑战是一种必然，而把握机遇则是一所学校在新一轮洗牌中崛起的前提。我坚信，随着新一轮课改的推广，蓝田中学将会迎来历史性的新机遇。

以本次文章结集为契机，我们将进一步打造师生发展的"孵化器"，不忘初心，砥砺前行。一是推进现代学校制度建设，形成学校依法办学、依法治校，教师依法执教，社区（学生家长）依法支持和参与学校管理的新格局，推动学校管理民主化进程，把学校办成学子向往、党群放心的求学乐园。二是以本人主持的省级课题"粤东地区农村普通高中教师专业发展潜能激发的行动研究"为抓手，打造校园核心文化，构建教师专业发展共同体，助推教师抱团发展、专业发展。三是以广东省李永亮名校长工作室为载体，充分调动各方面的因素，实现蓝田中学的文化输出，为区域性教育发展贡献蓝田人的力量。四是设立"教师发展中心"和"学生成长中心"，不断增强师生对学校、对集体的认同感、归属感和自豪感，并内化为大家共同的价值取向，逐步形成蓝田中学鲜明独特的精神文化，进而构建具有蓝田特色的教师专业发展体系、学生评价和成长体系。五是开展校级名教师、名班主任工作室试点工作，发挥名教师、名班主任的示范、引领、辐射、指导作用，搭建促进中青年教师专业成长的发展平台，打造一支在全区乃至全市学校教育领域中有成就、有影响的高层次教育团队。

"捧着一颗心来，不带半根草去。"教育需要情怀，蓝田人的教育情怀就是助力学生做好人生规划，奠定学生终身发展的基础，使学生能够更好地适应社会、融入社会、奉献社会，成为一个健康的人、有价值的人。

我们一切的努力，都是为了孩子。

最后，我要衷心感谢领导的关心，感谢专家的指点和同行的帮助，感谢蓝田中学广大教职工的支持，同时也感谢家人对我工作的理解！

2018 年 5 月 20 日于蓝田中学